まるごと体験コミック

祝 ご出産!

宇仁田ゆみ
大倉かおり
かわかみじゅんこ
一重夕子
ひなたみわ
耕野裕子
おかざき真里
佐々江典子
亀屋ちひろ
パンチョ

飛鳥新社

祝ご出産!
目次

Vol.1

まんが家ウニタののほほん妊娠日記
ニンプゴコロ
vol.1 駆け出しなのに妊娠したよ!!
2ヵ月
宇仁田《うにた》ゆみ
*ホームページも見てね!
http://homepage2.nifty.com/unita/
ある日 とんでもない 体のだるさと眠けに 襲われました
宇仁田ゆみ (まんが家)
~~~~~~
1日中 眠いのです
微熱も続きます
・・・・・・
風邪薬 飲めば？
妊娠かも しれないから嫌
2択
① 妊娠
② 生理前の風邪
小さいながらに 乳も張る
どっちだ？
女の勘なのか まんが家の 勘なのかは わかりませんが 「早く仕事片づけないと ヤバイ」という 気がしました
眠〜〜い
眠〜〜い
助けて〜〜
アシスタントさんにも まだ言えない
はかどらないけど なんとか 仕事終了
ピコ ピコ
あああ〜 自宅仕事で ホントよかった…
外で働く人は スゲ〜よ…
でも妊娠検査薬 使えるのって 月経予定日1週間後から じゃないですか!!
まだ予定日 にもなって ない〜〜!!
ぐて——ん
なんでこんな 早く気づいて しまったんだ…
早く白黒ハッキリ させたいよ!!
~~~~~~

あ!!
そして待ちに待ったその日トイレに駆け込みました
陽性!!
そろそろ子ども…って言いだした月に妊娠
避妊しないとホントに子どもできるんだなあ…
なんかいろいろ考えさせられました
友だちにも教えたろー……
異変に気づく直前 2日連続でお酒を飲んでいましたが まあ それは忘れてしまいましょう
出版社のパーティーで夜中まで…
水割りぐらいいーか…
お酒はちょっとくらい大丈夫!?
映画の立ち見……
新幹線自由席立ったまま……
夫も喜んでくれました 仕事のことも認めてくれているので助かります
…!!
マジ?
でもちょっと困ったことも…
デビューして1年たたない売れない新人まんが家が妊娠 編集部にはとても言いづらいです
女性誌ならともかく青年誌だし…
嫌がられるかな…
もう仕事なくなるかな…
祈るような気持ちで電話をかけました
えっホント!?
おめでとう!!
じゃこれから無理のないスケジュールで…
やっぱりまわりの人の反応ってすごく大切
ヤッタ!!
ガチャン!!
さすが2児の父!!
大人!!カックイー!!
これによって妊産婦のその後の方向性が大きく変わってくると思うんです
電話は静かに置きましょう
おかげで今も私は母親でまんが家です
ほそぼそと

Vol.2

まんが家ウニタの★のほほん妊娠日記
ニンプゴコロ
vol.2 つわりだよ!!
3カ月
宇《う》仁《に》田《た》ゆみ
★ホームページも見てね!
http://homepage2.nifty.com/unita/
妊娠3カ月…… まだ服はふだんどおりですね
とは言え下着の締めつけはよくなさそう
でも これから バカスカ お金かかるし…
初期とか中期用のパンツ買うのもったいないなぁ〜
とにかくセコい →
そこでセコい私はメンズのボクサーパンツを買うことにしました
中期まで使いました
綿100%
マチがついているもの
ウエストにほどよいゆとりがあるしあったかいしかわいいしラインも響かないしけっこう便利です
産後また使ったり夫にあげたり
うちは幸い(?)夫としりのサイズが同じ…
??
憎い…
経済的ですね
そして3カ月といえばつわり!!
低血圧なのに朝に強いというデタラメな私もさすがにつわり中は朝がちょっと….
そういうとき私は緑茶を飲むとスッキリします
常識的な量なら問題ないっていうし
食事はまあまあ食べられますが食後胃が落ち着くまでは動けませんでした
……
それより食事の支度で気分が悪くなります
う・・・
ごはん炊くときのにおいがダメ….

てゆうか それ ごはん作りたくない だけなんじゃない？
とか友だちに言われてしまうのは 私が日ごろから怠け者 だからでしょう
マジだっつの!!
食べ物はこのへんがダメでした
えび
かに
帆立て貝
いか
たこ
ビール
これなら マシなほう ですよね
ちなみに ごはん… 食べるのは 大丈夫でした… 不思議
あと ちょっぴりデリケートな人に なってしまいました
血が出てくる 映像や まんがが ダメ…
座布団
ゴメン
魚を さばくのが 怖い
食事日記も一応つけて みましたが 食事してないときまで 食べ物のことを考えているのが 嫌で やめちゃいました
つわり 終わってからに すればよかった ……
けっこう つらかったのは 頭痛
5カ月ぐらいまで ちょくちょく ありました
いてて ……
さらに!! とにかく 眠いのです
絶対 逆らえない レベルの眠け……
つわりが終わっても 私は妊娠中ずっと こうでした
あ〜〜 眠……
仕事に ならん…
そりゃ もう 1日中 眠いん ですよ 奥さん!!
眠い眠い…
妊婦じゃなくても 年中 眠い眠い 言っとる やん……
失礼 な…!!
あっ
ドキ
まあ こういう人も います…
やっぱり妊婦 じゃなくても 寝とる やん……

Vol.3

まんが家ウニタの*のほほん妊娠日記
ミップゴロ
VOl.3
気楽に妊婦食
もっと気楽に妊婦服
胎児なのか肉なのか揺れる乙女心
4カ月
宇《う》仁《に》田《た》ゆみ
*ホームページも見てね!
http://homepage2.nifty.com/unita/
妊婦食編
4カ月……
私はまだまだつわりです
なんかここ2カ月間
ず〜〜っと軽い
二日酔いのようだ…
私は吐くことが苦手なので
とにかくそれが怖かったのですが……
つわり中は
1度も
吐かなかった
です!!
ラッキー妊婦?
っていうか
寸止め…
できるなら
一生吐かずに暮らしたい
ぐらいです
ちなみにその血は
娘にも受け継がれています
ゴクーン
怖い……
戻しそうな
ミルクを無理に
飲み込む
ゴクン
出せばいいって!!
口に入れすぎた
おかずを無理に
飲み込む
そしてそろそろ
食事もいろいろと
気をつけたいですね
でも私はもともと
すごい薄味好きで
お菓子もそれほど食べず
ジュースも飲まず
酸っぱいもの大好き
苦労知らず
常に
妊婦っぽい
のです
いつも眠いし
かなり気楽な妊婦食生活
でしたが便秘になりやすい
体質なのでそれだけは
気をつけました
妊娠中よく食べたもの
というよりもともと好きなもの…
おから
レバー
五目豆
納豆と大根葉のチャーハン
ひじき
まあそんなのばっかりじゃ
夫に悪いのでハンバーグも
作ります
にーく!!
にーく!!
食欲は中学生男子並み
NIKU
まず普通に
ハンバーグの
たねを作る
私の分は
水きりした豆腐を
まぜて焼く
(味も薄くなる)
夫の分は
そのまま
焼く
こんな感じで楽です

妊婦服編
服はもっといいかげんで～す
とりあえず私は妊娠がわかった時点でマタニティ関連のカタログをいろいろ取り寄せて…
品ぞろえ デザイン サイズ展開 送料等をチェックして 2、3社に絞りました
下着はとりあえずこんな感じ
かわいいの いっぱいありますね～
授乳のときに使えるもの
母乳パッド
ひょえ～ でかパン～
かわいいけど
このタイプは産後入院中とかすごく楽で便利でした
腹帯も一応…
母に買ってもらったさらし
最終的におむつに変身しました
下腹部支え一体タイプ
薄手のものは服がスッキリ着られます
←腹巻きタイプ
楽!! あったかい!!
冬場はとても重宝していたのですが… 夏にはもう暑くて… やめちゃいました
妊娠中から母乳パッド使いまくり
①サイズ調節のため
②妊産婦用ブラジャーはカップが薄いので念のため…
薄着の季節も安心
妊婦服はブーツカットのパンツを一本買っただけでした
ウエスト調節可能
ここの生地が伸びる!!
中期まではメンズのジーンズも愛用
あとはいつも着ている服
もともとニットものが好きなのでけっこう使えました
1枚だけひざ丈ワンピースを作りました
本格的におなかが大きくなるのが夏だったのでかなりいいかげんです
普通のTシャツ
実はマタニティパジャマは買っていません
あるものを適当に
春まで腹巻きはしてみたり
春
夏もやっぱり適当に
綿ニットのワンピース
夏
だから陣痛が始まったときの私の心配事はこれでした
いててて…
お産のときはパジャマ貸してもらえるんだよね…
貸してもらえました

Vol.4

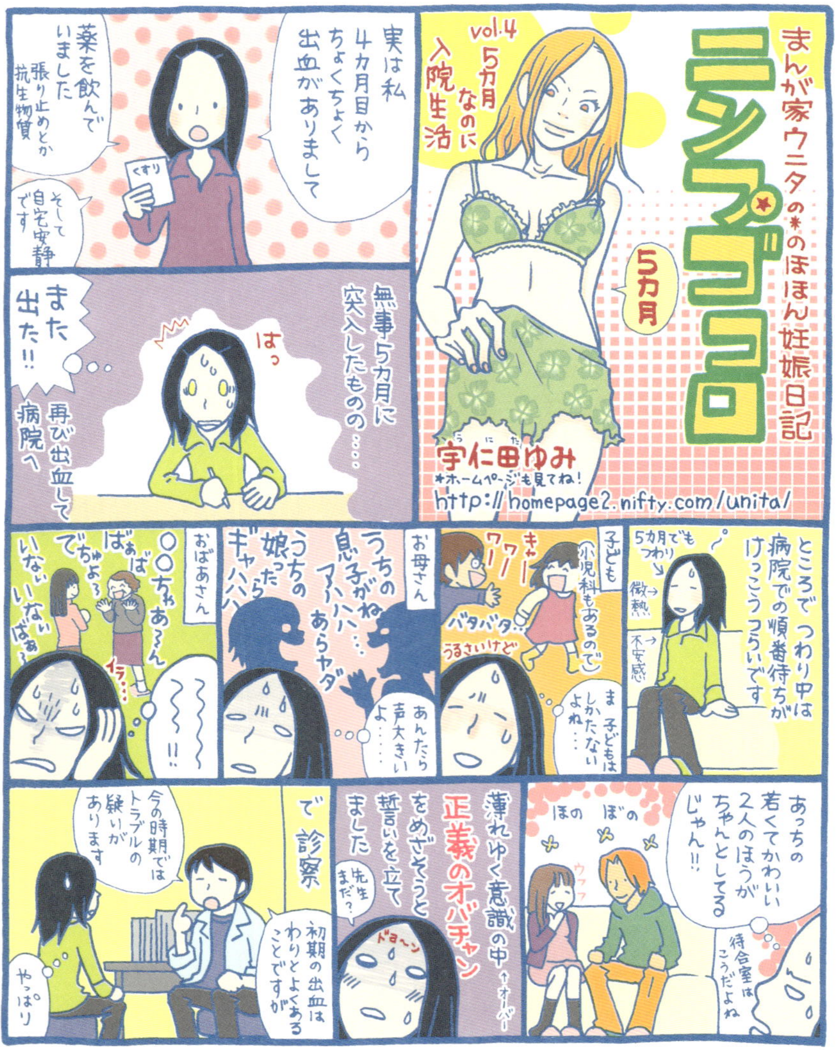
まんが家ウニタの＊のほほん妊娠日記
ニンプゴコロ
vol.4 5カ月なのに入院生活
5カ月
宇《う》仁《に》田《た》ゆみ
＊ホームページも見てね！
http://homepage2.nifty.com/unita/
実は私 4カ月目から ちょくちょく 出血がありまして
薬を飲んでいました
張り止めとか抗生物質
くすり
そして自宅安静です
無事5カ月に突入したものの・・・・
ばっ
また出た!!
再び出血して病院へ
ところで つわり中は病院での順番待ちがけっこうつらいです
5カ月でもつわり
微熱→
不安感→
子ども
（小児科もあるので）
キャー
ワーワー
バタバタ
うるさいけど
ま 子どもはしかたないよね・・・
お母さん
うちの息子がね アーハハハ・・・
あらヤダ うちの娘ったらギャハハハ
あんたら声大きいよ・・・・・
おばあさん
○○ちゃあ〜ん ばぁばでちゅよ〜
いないいないばあ〜
イラ・・・
〜〜〜!!
あっちの若くてかわいい2人のほうがちゃんとしてるじゃん!!
ほの ぼの
ウフフ
待合室はこうだよね
薄れゆく意識の中
↑オーバー
正義のオバチャンをめざそうと誓いを立てました
先生まだ？
ドヨ〜ン
で 診察
今の時期ではトラブルの疑いがあります
初期の出血はわりとよくあることですが
やっぱり

大事をとって入院することにしました
点滴+安静
切迫流産ってやつか〜〜
病院にいるほうが安心な気がしたし家にいたら絶対動いてしまいそうなので…
入院したらイヤでも安静になっちゃいます
ていうかヒマ
入院中にすることと言えば
検温
食事
トイレ
←点滴
寝る
以上!!
何もしないってホント大変だなあ〜
頭おかしくなりそう…
↑それがこの入院のポイントなのですが
仕事のことでも考えよ…
これの繰り返し(11日間)
ぐぅ
カクン
でも食事もおいしかったし
今日は何かしら〜
本気で楽しみ
胎児の心音を毎日聞けたのもうれしかったです
トットットッ
ハイ元気で〜す
この入院期間中に初めての胎動も…
頑張ろーぜ!!
ぴょこ
何やら妙な連帯感も生まれました(?)
褐色だったおりものが白か透明になって熱が下がったら退院です
白になった?
ハイ!!
熱下がった?
ハイ!!
やっと私にも遅めの安定期がやってきました
ヤッタ〜〜イ!!
点滴取れた〜
でも安定期ライフを満喫というよりは…
さて仕事仕事
ウフフ
結局部屋にこもりがちでした

Vol.5

まんが家ウニタの＊のほほん妊娠日記
ニンプゴコロ
6カ月
vol.5 いよいよ妊婦っぽいよ!!
宇《う》仁《に》田《た》ゆみ
＊ホームページも見てね！
http://homepage2.nifty.com/unita/
6カ月にして私にもやっと安定期というやつがやってきました
前から見ると
ただのずん胴な人…
エヘン
体重も4kg増!! だんだん見た目も妊婦っぽくなってきましたよ
妊婦用前伸びブーツカットパンツもいよいよ本領発揮です
伸びる
ぶかぶかだった妊婦下着もずいぶんサマになってきました
それにしても
変だ‥‥
私ぐらい大きいおっぱいが似合わない顔っていうのもそうそういないと思いますよ…
世界有数です
しかも母乳パッド入れてやっと人並み
ところでまんが家のお仕事というのはとにかくインドアです
打ち合わせ
地方なので電話
ハイハイ
お話を考える
描く
資料写真とかは外に撮りに行きますが
妊娠中にフトウッカリ太ってしまったら…
後でダイエットすればいいだろうなんて虫がよすぎる話です
だから体重だけはマメに量りました
ドキドキ
増やしすぎないのがいちばんかなあと
もちろん体重計に乗るだけではどうにもならないので体も動かします
散歩は時間かかるから
軽く妊婦体操を…

友だちに誘われたら外食も普通にします
その後の食事で帳じり合わせ
カロリーとか足りない野菜とか
適当ですけど
結果…最終的に7.5kg増ぐらいでした
体重、サイズはすぐ戻りましたが…
おなかのたるみは今もなんだかちょっと…
ていうか年齢のせいかしらね??
そして案の定インドア生活は現在進行形です♫
仕事
昼寝
原稿を渡すときも宅配便に来てもらうかメールで
ネット通販
画材、本 下着、DVD
いちばん時間の効率がいいので
食事の買い物は行ってますよ〜
さすがに
母が私を産んだときの母子健康手帳をくれました
わっ
それはものすごく昭和チックで私好みのデザインでした
←当たり前
こんな感じかわいい♥
こっちは夫の→
○○県 母子健康手帳
○○県 母子健康手帳
内容のほうも今と微妙に違う表現方法などもけっこうあるので興味深いです
たとえば…… ★オシメ ↓ ★おむつ
時代背景のようなものが見えてきます
今のほうは言葉選びにかなりこまやかな配慮があるような…
で昔のほうの妊娠経過のページを見てみたら
健診の時体重とか血圧を記入してもらうあのページですね
ええ!?
胸囲??
胸囲
「胸囲」という項目があってびっくりです
ええ〜?昔は胸囲も測ってたの〜??
オロ オロ
この数字胸囲っぽくないけど…
でも間違いにしては大胆すぎなのでは!?
ぜったいイヤじゃ〜!!
妊娠して初めて胸の大きさが十人並みに近づいた私は情緒不安定になり
母に確認してみると
あ!!それ腹囲腹囲
ほっ
あ〜やっぱり間違いかぁ
昭和っておおらかですね…

Vol.6

まんが家ウニタの*のほほん妊娠日記
ニンプゴコロ
vol.6 妊婦はやっぱり眠いよ!!
7カ月
宇仁田《うにた》ゆみ
*ホームページも見てね!
http://homepage2.nifty.com/unita/
このころは まあまあ快適でした
ちょうどお仕事も続けて入ったので ひたすら作業
胎動はどんどん強くなり
今
今
ぎょっ
見て見て!!
ピコン
トイレもどんどん近くなりました
フラ〜〜
ちょっと多すぎ…?
夜中に3〜4回ですよ!!
夜中胎動で起こされることも多くなっていきます
ふんん
もちろん赤ちゃんが生まれたら夜中さらに起こされます
というわけで妊娠中から赤ちゃんが夜まとめて眠るようになるまで
数時間ぐっすり気持ちよ〜く眠ることがいっさいできませんでした
でもうちは生後2カ月で夜中たくさん寝るようになったので楽なほうですね
今もよく寝るし…
後期母親学級
実際参加したのは8カ月のときなのですが来月号からは描きたいことが盛りだくさんなので今回紹介しますね
どうぞ
前期サボったので初体験ですよ〜
※病院によって内容は変わると思います

☆プログラム☆
1. 自己紹介
2. 先生のお話
（入院について、お産について）
3. 質問タイム
4. ビデオ上映
（院内の案内と出産ビデオ）
5. 呼吸法の実習
6. 院内見学
まずびっくりしたのが先生のお話
アメリカでは自然分娩なら入院は1泊2日です
エエ〜〜〜!?
帝王切開の場合は4泊5日です
入院費高いしね
ヒョエ〜〜〜!!
すごいよアメリカン妊婦!!
そして院内の案内ビデオを見たあと いよいよ出産ビデオ
このとき看護師さんが映写機を移動させて画面を小さくしたのを 私は見ました
ビデオを見たあとにはみんな静かになってしまうような代物です
でも自分のときは見えないから平気ですよ!!
言葉にならない
・・・・・・・・
私たちにできるの?
アレ…
でもそのとき 静寂を打ち破った若い妊婦さんがいました
ふあ〜〜
あ〜〜気持ち悪かったぁ!!
なんだか「産む」というのはものすごく神聖なことのような感じがして ほかの人はそれを口に出すことができなかったわけです
確かに素晴らしく感動的な瞬間を見せてもらいましたが
あの人は正直者だと思うよ…
↑この理由がわかった
だってメンバー全員ひとごとじゃないわけですから
質問タイムにはとても鋭いことを言った人がいました
夫が立ち会うときのポジションはどこですか?
正面からだと怖いって言ってるんです
頭側からになりますから見えないですよ
貧血起こす方もいるので
→これも病院によって違うと思います
あ〜やっぱりいるんだ…
ハハ…
うちは立ち会いしないからいーけど

Vol.7

まんが家ウニタの＊のほほん妊娠日記
ニンプゴコロ
vol.7 出産準備だよ!!
8カ月
宇《う》仁《に》田《た》ゆみ
＊ホームページも見てね！
http://homepage2.nifty.com/unita/
わぁ!! さすがに増えたな!!
8カ月です!!
とにかく体重だけはちゃんと量って
数字が大きくなっていくという事実から目をそらさないようにしました
1週間単位で体重増加をチェックしていきます ↓
こんなもんかなァ
冷蔵庫
産後のための買い物にも出かけました
仕事のこともあるので早い時期から少しずつ準備しました
贈り物ですか？
え？
お子さまは何カ月ですか？
いえまだ中に…
あっごめんなさい〜
なんで2回も…
？？
大柄だとおなかがあまり目立たないのと 私の場合 下半身がとてもガッシリしているためか 歩き方も妊婦さん風にならなかったのです
？？
？
？
小僧2人風
しかもおなかは前に突き出るタイプ
実際のところ妊娠線出来るぐらいポッコーンとおなか出てましたけどね
通販もどんどん利用しました
えーっとこっちは3000円で送料無料ね…
産後のウエストニッパーかぁ
哺乳びんどのメーカーがいいのかな…
サイズも書いてあるしじっくり選べるので便利です
（途中昼寝もしつつ買い物!!）

困ったのは ベビーバス
欲しいのがない……
私が欲しかったのは シンプルなデザインで シンクで使えるタイプ でもお店をまわってみても キャラクターがついていて 丸っこいものが主流だったのです いっそリースにしようかなと思っていたところ…
種類少ないな…
細めだと収納しやすいので
それがあったんですよ!! こんなわがままなオカンにこたえてくれる品が!!
うわー かっこいいー しかもシンクでも使えるやつだ!!
↑使わなかったけど
早いけどおまるも買っちゃえ
ドイツ製かて しかも安!!
外国の製品は赤ちゃん向けのものでもシンプルなものが多くてかなりお世話になりました
通販で簡単に買えるし
でもたま〜に作りが甘い商品もあります
こんなの買いました
ベビーバス
湯温計
細身なところが好み
とにかくコンパクト 部屋に置いてあっても違和感がない
シンプルな構造なので洗うのも楽!
この丸いところを手で持ちます
おまる
直径約25cm!! 小さい!!
3才
これに座ると背中を丸めて小っちゃくなるのが私のお気に入りです
テレビから離れたくない
おまるのほうは実はいまだに愛用しています さすがにもうほとんどトイレ行きますが
胎動はもういよいよすごいことに!!
おなか全体をゆさぶるように動いたり
おなかの中を強い力でかき回してる感じだったり
ボコッ ボコッ
初めての胎動のイメージは小さい金魚かおたまじゃくしでした
"チョロン♪"っとね
そしてだんだんカエルの蹴《け》りっぽくなるわけです
アチョー
そして8カ月にもなると…
なんかもうこのころになると ちょっとした小動物が中で暴れてる感じになっちゃうんです!!
いてー
まあちょっとした小動物でも間違ってないような…
出産日まで暴れ続けた

Vol.8

まんが家ウニタの＊のほほん妊娠日記
ニンプゴコロ
Vol.8
名前つけたよ!!
9カ月
宇《う》仁《に》田《た》ゆみ
＊ホームページも見てね！
http://homepage2.nifty.com/unita/
9カ月です
うーんさすがに暑いな〜〜息しづらいし
このとき8月
なんて思っていたら本格的に息苦しくなってきました
苦しい〜〜
鼻がやけに詰まるなあ
耳も聞こえづらい…
ハフハフ
調べてみたら妊娠すると鼻の粘膜が充血したりむくんだりしやすくなるということでした
へえてそれで鼻詰まりに
耳鼻科行く？
うん
耳鼻科では
ピー
耳の検査をして
カチ
ネブライザーというのをやって
ぼけ〜
かなりスッキリしました
点鼻薬をもらいました
これでもう大丈夫です
シュッ
スッキリ!!
※もちろん妊娠していることはきちんとお医者さんに伝えます
ところで妊婦さんになると日々体におもしろい変化がおきて
それはもう私は毎日楽しめたのですが
なかでもお気に入りは
へそ
です!!
コレ

妊娠初期にある担当編集さんにこう教えてもらいました
おなか大きくなるとへそがなくなっちゃうんだよ
え?!
? ? ?
正直あまり意味がわからなかったのですが…
なんのこと…??
へその変化（宇仁田ゆみの場合）
代わりのモデルちゃん
おなかが大きくなるにつれどんどんへその面積も大きくなりへこみがなくなっていくんです!!
〈断面図〉
ツルツルだ
ちゃんと撮っとけばよかったな…へそ写真
またどうでもいいようなこと考えとるな…
毎月毎月
さて!!
私はこのころに子どもの名前を考えました
一応おなかの子は女の子らしかったので女の子の名前を中心に
というか男の子の名前はほとんど思いつきませんでした
ぼんやりと思っていたのは夫と私の名前になんとなく似ていて女の子ならひらがな2文字「み」が付く名前 覚えやすく発音しやすく聞きとりやすい
んん?
なんかすごく限定されてきたな…
「あ」から順に言ってみました
あみ いみ うみ えみ おみ かみ きみ くみ けみ こみ さみ しみ すみ せみ そみ…
ゆみとあみでインチキパフィー
ゆみ
どうやろか?
とダメもとで夫に言ってみると
いんじゃない?
パフィー好き
決定

Vol.9

まんが家ウニタの＊のほほん妊娠日記
ニンプゴロ
vol.9 仕事終了!!（産前分）
宇《う》仁《に》田《た》ゆみ
＊ホームページも見てね！
http://homepage2.nifty.com/unita/
いよいよ10カ月ですよ!!
あ〜
暑い暑い…
早く仕事終わらせないと大変です〜
健診も1週間おきになり
母子健康手帳の書き込みもずいぶん増えてなんだかベテランっぽいです
健診のときにはノンストレステストを毎回受けるようになりました
胎動を感じたらボタンを押す
結果はグラフに印刷されます
おなかの張りを調べる
胎児の心拍数を調べる
胎児の心拍数
胎動→
（ボタンを押したとき）
おなかの張り
まず胎児の心拍数の平均が正常値の範囲内にあるか読み取ります
あとは胎動があったときに胎児の心拍数がある程度上がっているか見ます
なるほどー
9月16日仕事終了
やったーい!!
出てくるまでに上がったーっ
予定日 1999年10月8日
家の掃除をしたり夫に家事の引き継ぎをしたりけっこう手間取ります（実家に帰るため）
わーっもうすぐ10月だっ
なんか帰るのがめんどくさくなってきたよ…
9月27日にようやく実家に帰りました
実家まで車で30分くらいなのでかなりのんき
間に合った…

そして時間ができたので子ども用の縫い物を始めたのですがここでちょっとした事件がありました
買った布はアイボリーの綿ニットと真っ白な綿ネル
その布を地直※するため水につけておいたのです
色移りするような色じゃないから一緒でいいか
※裁断の前に布目を整えること
数十分後 水から出してみてびっくり!!
わあっ
ネル
アイボリーのほうが部分的に漂白されてしまったのです↓
多くの布は染色の工程で漂白されるらしいのですが…
こっちのネルに漂白剤が残留してたんだな…きっと
怖い…
赤ちゃん用の肌着などで無漂白のものもあります
でも作る前に気づいてよかったよ…
この2枚はとりあえずよくすすいでほかのことに使おう
子ども用にはやだな…このネル
かなり気持ちがなえました
でも気を取り直して縫い物です
ものが小さいので手縫いでどんどん作っていきました
ヒマに任せて
私は何より陰気(!?)な作業が大好きなのです
ちくちく…
このときを逃すと その後は なかなか ゆっくり 縫い物は できません!!
★こういうものを作りました★
ベビードレス
スタイ
ケープ
おむつ
靴下
ミトン
もういつでも来い!!って感じなのですがまだ陣痛来ないですねー
アレー?
次回出産編です!!

Vol.10

まんが家ウニタの*のほほん妊娠日記
ニンプゴコロ
はい宇仁田さん撮りますよー
vol.10 いよいよ出産
脱力写真↓
カシャ
宇《う》仁《に》田《た》ゆみ
*ホームページも見てね!
http://homepage2.nifty.com/unita/
さていよいよ出産編なわけですが…
（出産）この事件には2つのなぞがあるのですよ!!
①限界ギリギリな陣痛中にトイレに行きたくなったのに痛くて行けず…でも産んだあとすぐ返してもらったパンツもぬれていなかった!!
? ?
アレ〜?
用をたした記憶なし
産後導尿してもらいましたが
②産んだあとで写真を撮ってもらえるかも…と思ってあらかじめ髪をまとめておいたのに
下ろしたままじゃボサボサになるかなーと思いまして
産んだらはずれていた!!（片方）
? ?
アレ〜?
まあなぞというほどのものではないのですがそれだけ痛くてテンパッていて記憶もあやふやになってしまうということですね…出産というやつは
出産編
予定日の2日後のことです…
10分間隔で陣痛が来たので病院へ連絡
午前1時台に病院に行きました
産婦人科
でも朝が来ても昼になっても
中途半端な痛みがいつまでもいつまでも
相変わらず私の陣痛は10分間隔なのでした
眠れないし…
そして夕方になってやっと痛みが強くなってきました
うう〜

けっこうキテるなと思って看護師さんを呼ぶと…
子宮口2cmですね!!
えっそんだけ!?
そして忘れもしない浣腸《かんちょう》と陣痛のミラクルハーモニー
ぐわああああ
WC
なんじゃこりゃああ
「もうダメじゃ」と思って再び看護師さんを呼ぶと…
4cmですね!!
ええ!!
痛みがない時は手足の力を抜いていてくださいね
まだそんだけ?!
すでに呼吸法無理
最終的に無痛分娩にしてもらったのですがもうそのときの足どりといったらひどいものです
手足がけいれんして思うように動かせない…
ぶざまだ…
ゆっくりでいいですよー
ズル
ズル
麻酔は腰から入れるタイプでした
じっとしててくださいね
ううう～
うう～
結局生まれたのは午前3時半ごろ私はかなりグッタリしていて「もうしばらくは何もしたくない」と思いました
うにゃあ
うにゃあ
女児
ところでうちは立ち会い出産ではなかったので生まれた時点で看護師さんが夫を呼びに行ってくれたのですが…
宇仁田さーん生まれましたよ!!
ええっ!?
はい…
ムニャ
ムニャ
夫が私のベッドでマジ寝してたので看護師さんもびっくりです
部屋でわしやることないし
翌日仕事あるし…
こんなマイペースな夫ですが子どもとはよく遊んでくれます

Vol.11

まんが家ウニタの＊のほほん妊娠日記
ニンプ☆ゴコロ
vol.11
出産後もイロイロ痛いよ!!
宇仁田《うにた》ゆみ
＊ホームページも見てね！
http://homepage2.nifty.com/unita/
なんとか出産も終わり入院生活開始です
1日目（出産翌日）は寝てるか食べてるかという感じでヒマでした
あと友だちが来てくれたり
ただ…
そこら中痛いです
腕が筋肉痛
あと なんか胸がほてっているような…
おっぱい準備中？
2日目
まだイロイロ痛みますが筋肉痛は少し楽に
ガーゼと清浄綿
ヨロ…
会陰縫合のあとが痛いのでガニ股
（痛み止めももらって飲んでます）
あ これから初めての授乳です
はい
やっぱりまだうまく吸えません!!
コレつけてみましょう
哺乳びんの乳首
吸う力が弱くても吸いやすい形
かぶせて吸わせる
これで少し飲めました
調乳指導、栄養指導、沐浴指導もありました
あと背中を…
昨日とは打って変わって大忙しです
夜になると胸の張りが強くなり
ウワーもうダメー!! 痛いーー
ポイ
痛みで寝返りも打てないので保冷剤をもらいました
保冷剤
ガーゼが巻いてある
4つ入ってる
夜中に2回も取り換えてもらいましたが眠れません!!

3日目
胸の張りで目が覚めました
でも内心「さぞかし巨乳になってることだろう」と思っていたのです
痛いよー
くくく
が!!
巨乳じゃなくてマッチョじゃん!!
プロレスラーがいる!!
肩幅広い
カチカチだし!!
エエ〜〜!?!
おっきい〜やわらかそ〜
みんなおっぱい♡って感じなのになんで私だけマッチョ風!?
みんな赤ちゃんの顔よりおっきいよ!!
その後沐浴実習とフェイスエステ
腰痛い〜!!
大丈夫ですか?
出産のとき腰を痛めたようです
グキ
こんな軽いのに!!
4日目
朝方胸の張りはますますひどくなりあまりに痛いので看護師さんが湿布をはってくれました
わーいすごく楽だ……
午後には退院後の暮らしについて看護師さんのお話を聞きました
まず体を休めることが大切だから
家事とか頑張りすぎないようにね
はーい
とくにあなたは心配だわ
まじめだから
ちゃんと手抜いてね
はい…
私はー?
私はー?
5日目には退院
あっという間ですね
病院内の美容室でシャンプーしてもらいました→
ところで!!
あれ?
くんくん
おもしろいにおいがする…
赤ちゃんからナゾのにおいが…
あっ
私も同じにおい!!
くんくん
イヤなにおいじゃないけど……なんだろう
何日か消えなかったタンパク質がこげたようなにおいあれは羊水のにおいだったのかなあ…

Vol.12

まんが家ウニタの＊のほほん妊娠日記
ニンプゴコロ
vol.12 とにかく眠いよ!!
宇《う》仁《に》田《た》ゆみ
＊ホームページも見てね！
http://homepage2.nifty.com/unita/
出産後 退院してから1カ月ほど実家にいました
や〜もうほんと気楽なのがいちばんです 私はね…
当時 父も母もフルタイムで働いていたので昼間は娘と2人きりです
これくらいのバランスだと
家に帰ってからも普通に頑張れますねー
母を頼りすぎるとあとで自分が大変そう…
母の出勤は午後からだったのでお昼前ぐらいに娘をおふろに入れてもらっていました
私は横で待機です
タオル
へそのお手入れ用綿棒
ボケー
畳にレジャーシート敷いてます
着替え
娘はおふろ大好きなので
ホニャ〜
上がると激怒です
ちょっとちょっと…
すぐおっぱいにするから待ってよ
バタバタ
ふぎゃんぎゃ
んぎゃ!!
だからもちろん万全の態勢でおふろに臨みます
おっぱい＆ミルクセット
へそ用ガーゼ
へそ消毒セット
テープも準備
暴れる娘のへそを消毒して服を着せておっぱいです
ふう
おふろでほどよく疲れさせてさらにおなかもいっぱいにしてぐっすり4時間ばかり寝てもらおうという作戦です
自分も昼寝したい
ま
ふぎゃふぎゃ
なかなか大人の思惑どおりにはいかないわけですが…

母乳の出は相変わらずよくなかったです
毎回ミルクと両方飲ませてたからすごく時間がかかって大変でした
その後搾乳したり…
肩凝りもひどい…
とにかく眠いです!!
途中で夜中の授乳をミルクだけに変えたらウソのように楽になりました
ヤッタ〜〜
マッサージとかはしばらく頑張りましたよ
ミルク飲むのはミョーに速いし!!
ズゴ〜
結局母乳は3カ月で止まりました
母乳を出す努力はしたほうがいいと思いますが出が悪くても思い詰めることはないんじゃないかなぁって私は思います
断乳のつらさを知らない人
ミルク売ってるし〜〜
ちゅーちゅー
ミルク代はかさみますが
そして新生児といえばおむつ替え
うちは新生児のときは紙おむつ中心でした
回数が半端じゃないので
母がいるときは布も
夜中とくに紙が楽です!!
テヘヘ
や〜もうホント1日中おむつばっかり替えてました!!
新生児用の紙おむつは「何これ!?」っていうぐらい小さくてカワイイ
うんち出た?
ううんおしっこだけ
明けても暮れてもシモの話ですよ!!
うんこー
多分一生のうちでMAXだと思います…
さて あんなに小さかった娘も今はもう保育園の年少組です
「ヘアアクセサリーと戦隊ヒーロー命というアンバランスっぷり
スーパーのみそ売り場に行くと今でもあのころを思い出します
生まれたときはこれ3つ分の重さだったんだよね…
もう5倍以上か…
おかーさーん
はあい
←1袋1kg
つい〜〜
コラー!!
危ないっ
足が届くような子は歩いてよ〜
ちょい
ちょい
身長も倍以上になりました

助産師さんからひとこと

【vol.1～3】まずは仕事のお相手に妊娠を歓迎されたのが素晴らしい。残念ながら、なかなかそうはいかない職場も多いですよね。メンズのボクサーパンツ、いいですね。私も妊婦さんにお勧めしようかな？ つわりは結構お辛かったのですね。食事日記を付けようとしただけでもえらいです。妊婦服についても参考になりますね。お母様から頂いたさらしはお勧めです。最近はさらしの巻き方をきちんと教えてくれる病院も少なくなって寂しいですね。

【vol.4～6】病院の長い待ち時間は妊婦さんにとってつらいもの。調子のよくない方も多いので、周囲はより気配りを心がけたい場所ですよね。出血で安静入院の大事を乗り越え、体重管理もきちんとされ、あとは順調に経過されたようですね。出産間近に夜熟睡できなくなるのは「生まれたら熟睡はできないよー！」と赤ちゃんが教えてくれているからです。「生まれてからいきなり熟睡できない」では大変すぎるので、そうやって身体が徐々に状況に慣れていくのですね。

【vol.7～9】育児用品は臨月ともなると買って帰るのが一苦労なので、宇仁田先生のように早いうちから少しずつそろえておくのはいいことだと思います。最近はカタログ通販やネットショッピングも充実してますよね。名前も決めて、仕事も終えて、ゆっくり縫い物の時間がとれたのはよかったですね。宇仁田先生も書いてらっしゃる通り、赤ちゃんが生まれた後はなかなか趣味の時間もとれません。妊婦さんはこの時期に心残しのないよう！

【vol.10～12】出産時にキレイにまとめていたはずの髪がぐちゃぐちゃに…、よくありますね。それだけ出産は大変だということですよね。宇仁田先生もよく頑張られました。「出産後もイロイロ痛いよ！」その通りなんです。我慢するしかないことも多いのですが、助産師、看護師が和らげ方を知っている場合もあるので、まずはどんどん相談してみてください。おっぱい対策としては、出産後すぐから自由に好きなだけ授乳させてもらえて、高カロリーのフルコースとか出さない出産場所を選ぶことが大事ですね。

助産師(よ)

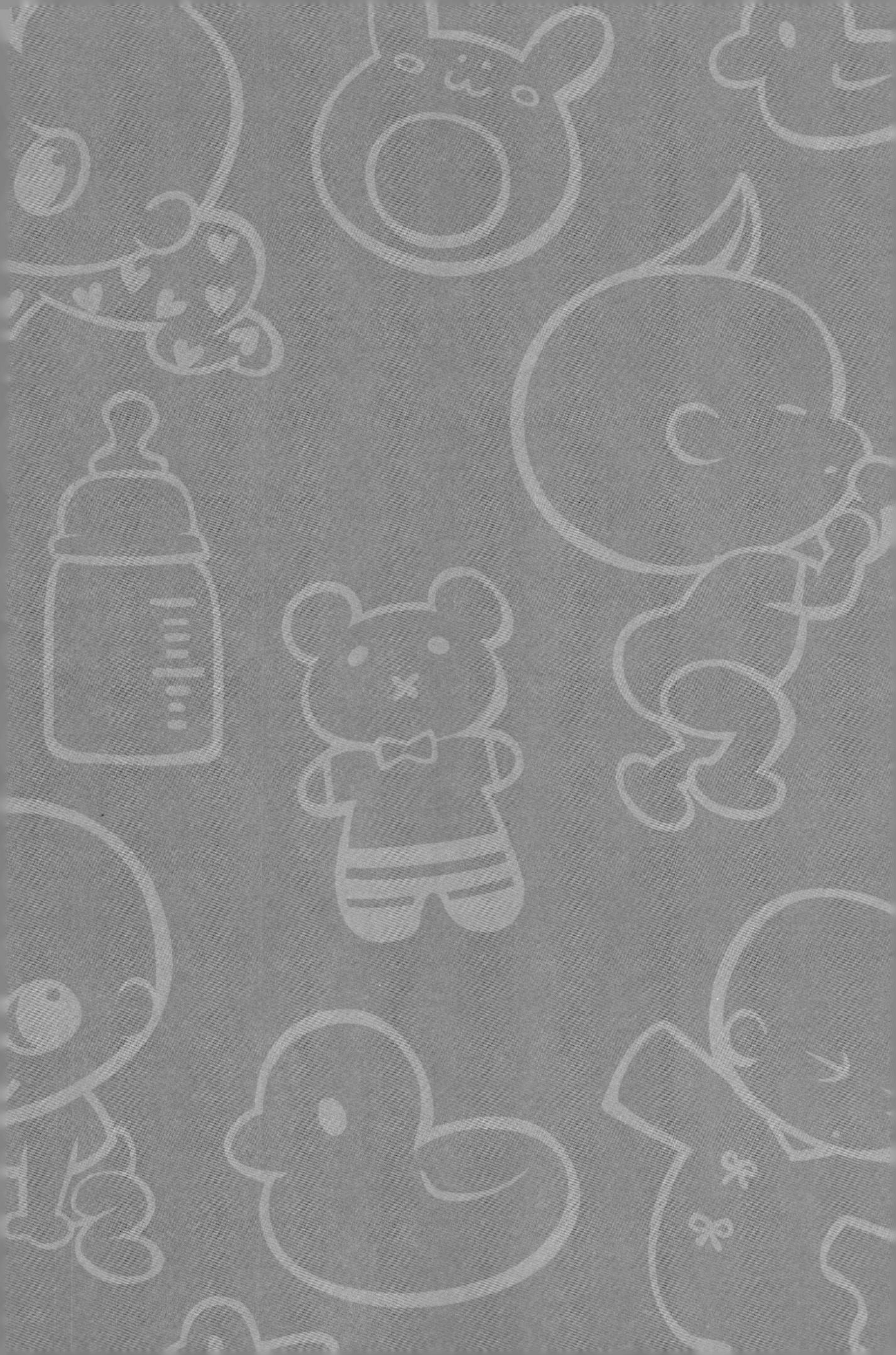

もう1度産みたい

大倉かおり

kaori okura

ダンナ起床
AM8:00
え？お腹痛いの？
前駆だと思うんだけど本陣痛かもしれない
どっちだ
大丈夫？オレ今日学内発表で大学休めないけど
大学で理系研究職
この時 間隔が大体15分おき
大丈夫 今日ちょうど健診日だから診てもらうよ
私は里帰り出産を予定していたので自宅から電車で片道1時間程の実家近くの産婦人科に通っていました
AM9:15
本陣痛じゃなきゃいいな まだ仕事終わってないもん
あのね…
臨月なのに！
歩ける位 全然元気
この片道1時間の道のり
ガタン
ガタン
妊婦には中々大変なのだけれども
結婚以来お互い忙しくゆっくりするヒマがなかったので
産院と同じ沿線の大学に通うダンナと一緒にいられる道のりが私は大好きだった
ガタ
ガタン
ガタン
わーデートみたいだ
50分
K駅 N駅 ←30分— Y駅
産院 大学 自宅
・ここでダンナ降りる

が!!
今はそんな事言ってる場合じゃない!
ぎゅうっっ
あだっ
降りる駅まであと少しという所で痛みが5分間隔になり急にしっかりはっきりくっきりと痛み出した
※ダンナが降りた後
ドキドキドキ
やっぱこれ本陣痛
ごおっ
ほうっ
心配そうに見ていたおじさん
もしかして私このままここで産んじゃったりしてねー
ハァ
新聞に載っちゃう?
もっといい服着てればよかったパンツもデカパンだし
ハァハァ
ハァハァ
つかこの状態で1人で電車乗ってる私ってどーよ?
産院のある駅にやっとこ到着
うおお
歩けない! 歩けませんよこれは!!
「重いコンダラ」状態
(思い込んだら)
その日は真夏日で
ミーン

今なら巨神兵になれる〜
真っ青な空と
真っ白な雲の下
じりじりと
アスファルトに
焼かれる妊婦
蜃気楼の果てに
見たものは…
ああ！
やっと産院に
着いた！
これでもう
安心だー
M産婦人
じーっ
ほーれ
がんばれ!!
がんばれ!!
ワッショイ
ワッショイ
蜃気楼の果てに
何故かいきなり
近所の老人に
応援される

私はよく知らない人に応援されます

誰!?
あのジジィ!
うおぉ~
ほーれ!
ほーれ!
なんだか
腹立つわ
~~!!
あれ?
痛み
止まっちゃった
腹の子が気紛れなのか
ジジィの悪口が
いけなかったのか
朝6時に始まった
お腹の痛みが
産院に着いた
10時半にピタリと
止まってしまいました
受付
えーと
前駆かも
知れないんですが
痛みがさっきまで
5分おきに
ありまして
まだ望みは捨ててない
え!?
子宮口は
1センチ開いて
いるね
微弱陣痛も
続いてるし
すぐ入院します
大倉《おおくら》さん
前置胎盤だしね
ぼ
入院
相変わらず
困った顔で
笑う先生
だなー
ムコ養子
みたいだからか
腰低いし
内診も
ていねいで
全然痛く
ないんだよなー
ぼーっ
入院
しますよ?
痛みがなくなって気が抜けた

お部屋
こちらですよー
若先生が取り上げてくれるといいなー
その産院には先生が3人
診察のていねいさは若→爺→奥の順番である
お爺ちゃん先生
・前院長
親子
若先生
現院長
夫婦
奥さん先生
現副院長
最初の頃同じ女性である奥さん先生が担当する曜日を狙って通っていたのだがある時質問をすると
は?
だからぁー
——とイヤな顔をされ
「だから〜」って初めての質問だったの
そりゃ全ての女医さんが女同士だからって優しくていい感じとは思わないけどさ
なんだかしょんぼりだ
とぼとぼ
こちとら腹痛いてんだい
更に予定日1ケ月前のある健診日
ガリッッ
いだ
内診中奥さん先生に子宮口の辺りをひっかかれ出血受付に言うも
すぐ止まるとの事です
ムッ
だから是非優しい若先生に取り上げていただきたい!!

ぼーーっ
強い子のミロ
入院服に着替えました
ずごーっ
ホントに全然痛くなくなっちゃったなー
ダンナにメールしとこ
ピコピコ
ああここで原稿やりたい
編集さんにも連絡して実家は最後だ
ヒマなので陣痛がつく為にいろいろ努力してみる
階段昇降
デュークです
モナコに住んでます
くいっ
くいっ
デューク更家《さらいえ》

何してんの？
ガラッ
はっ
午後ダンナが荷物を持って来る
ピーズ
大学は？
オレの研究発表午前中だから終わって早退して来た
ピーズ
ごめんね
だってオレ立ち会いするから
ダンナは立ち会い希望
THE ピーズ
私の妊娠が判った時から立ち会いに張り切っていた
コーフン コーフン
立ち会う！
逆に私は余り乗り気ではなかった
…やだ
ゼリー
食べづわり
何故かと言うとメンドクサイから
どちらかと言うと気を遣う方なので出産時のカツカツな時にダンナにまで気を遣いそうでイヤなのです
※実際は気を使うどころじゃなかった
でも立ち会ってもらって大正解！
ダンナが育児手伝ってくれなくてケンカした時に
あなたの目の前で産んだこの子は誰の子だ!?
と言えるから♥
ホホホ
お陰で今じゃ育児バッチリ父ちゃん

結局この日は陣痛が強くならず
ぼ〜〜〜っ
夜 病室で TVみるだけ
ピッ
しかし この日も陣痛強くならず
ぼ〜〜っ
ピッ
病室に帰って 勘九郎の ドキュメント見た
2日目 朝っぱらから浣腸され お昼過ぎまで陣痛室でモニターつけて 子宮口を柔らかくする薬を1時間ごと飲む
仕事持ち込み 論文読んでる
動けなくて 背中と腰 イタイ
BGMは眠気を誘うソフロロジーの音楽
赤ちゃんの心音と 陣痛の波を測る
夜中12時〜6時までに 1時間ごとに 起こされて 正直ツライ
子宮口が全く柔らかくならないので夜も1時間ごとに6回薬を飲む
何の進展もないまま3日目
午前中の診察で若先生と相談
このまま入院するには陣痛弱くて家に帰すには強すぎるんだよね
どっちだ
モニターの紙

話し合いの結果
前置胎盤の
事もあって
誘発剤を使って
出産する事に
自然に産んで
あげられない
自分にヘコむ
がくーっ
陣痛室で
またモニターつけて
点滴で誘発剤
(当然浣腸も)
それなのに
寝てるダンナに
ムカつく
待ちくたびれ
ちょっと!
この理系男!
しまいにゃ
焦る私を尻目に
後から来た妊婦が
ガンガン産む!
ヒーーッ
隣りの
分娩室から
丸聞こえ
妊婦の絶叫と
ソフロロジー音楽の
小鳥のさえずりが
入り混じり
南国の野戦病院の
ようになる
動けない
こんなのイヤ!
絶対私こんなに
大騒ぎしない!
恐い!
恐すぎる!!
つか
助けてー
そして
運命の
夕方4時

今お腹が
「ぷちぷちぷち」って鳴った
ね！今ぷちぷちぷちって
ぷちぷちぷちっていった！
ぷちぷちぷちって！
ぷちぷちぷち！
ヒーッ
いきなり破水しました
もうここからスイッチ入る

ひああああ
はうあっ
チキンジョージ!!!
ほんの数ページ前までのテンポの悪いマンガは何だったのか!? この展開の早さに顔は楳図《うめず》かずおである
余りの痛さにベッドを壊し
ドカッ
ベッドフット
痛い!
ブチッ
もうやだっっ
点滴ブチ抜き
出産はスプラッタ
ボタボタ
左半身血だらけ
しかも若先生が捕まらずその場を更にヒートアップさせる
ちょっと全然つながらないじゃない!
ウロウロ
あのムコ養子ーーっ!!
はーっ はーっ
こんな痛み知らない
あたまが
ぐるぐる
何だろこれ
お腹に誰か入っててしぼってるみたい
実際入ってる

いろんな人が
いろんな風に言うが
私の場合　陣痛とは
子宮をどっかのおばさんが抱えて上下に絞ってるようだった
ギーコ
ギーコ
分娩台に移動した後も痛みはどんどん増し
看護師さんに
握ってて下さい〜!
不安でコワイ
と言ったり
お腹の子に
ふーちゃん早く出て〜!
← アダ名つけてました
と言ったり
誰かに向かって
もういやだ
でも誰もいない
と言った
ああ!あんなに大騒ぎしないって思ったのに!
はい　おヘソ見る感じでー
ああ〜波が来た〜
今頃陣痛室でスタンバッてる妊婦さん達こわがらしてごめんなさいごめんなさい
イキんでー
いでええ――っ!!
チーチチチチ
チチチ
チュンチュン
陣痛室でスタンバってるみなさん
チチチ
いやぁっ
ほら!頭見えて来ましたよ!
え?ウソ!
がんばろう!
そう　がんばろう!
うわーん
いつになる分娩室
痛み以外の涙が出た

結局 若先生 捕まらず お爺ちゃん先生 登場
頭見えて来ました
今 どの位？
ホッ
実は お爺ちゃん先生
キラーン！
私の姉2人の子供 弟の子供 私の保険屋の おばちゃんの子まで 取り上げた 人だったりする
他に産院ないのか？
はい リラックスして〜
結局 私も 取り上げ られるのかー
ハサミで
バチーン
バチーン
――と 元気な音で 会陰切開
うわー 音ちゃんと 聞こえた
ぷ。左側 切ったな
でも全然 痛くない
励ます ダンナ
がんばれ
がんばれ
ずっと 会陰マッサージを しててくれた 看護師さん
はーい 大丈夫 ですよー
多分 20代前半？ すごく 落ち着いてた
ぐ ぐぐぐ
キラーン
お爺ちゃん 先生
ほーら あと少し
最後まで 若先生を捜してた 奥さん先生
キーッ
ちょっと ケータイ つながんない!!
みなさんの 協力のもと
オギャア

長女 ふきこ
午後8時45分
2998グラムで
無事誕生
髪の生え際が
ベジータだった
母
会陰切開
産道裂傷
そして脱肛の
トリプルコンボで
無事終了
あうう
まだ
ですか〜
ドロ〜ッ
ちく
ちく
もう
すぐねー
父
あ
鼻毛が
ない
これが
第一声と
なる
うひ――♥
うひ――♥
ぐる
ぐる
ぐる
ぐる
翌々日
部屋に来る
浮かれて親踊る
ふんわり

あー
もう1度
産みたい
もう1度
あなたを
産みたいよ
私にとって
産むという行為は
最上級の
「抱きしめる」事だと
思いました
それにしても
出産の
面白かった事
次はスタンダードな 個室で産むぞ!
コーフン
コーフン
そして
あまり太らない！
毒を
食らわば
皿まで！
↑ダンナの
立ち会った感想
産むまで
まさかこんなに
面白いとは
思いませんでした
そして
現在
んっんっ
んーーっ!!
1歳になった娘は
「ぐりとぐら」と
スヌーピーを
こよなく愛し
うわーん
男の子を
泣かすまでに
なりました
友達夫婦の息子・弦（げん）
2ヶ月年上
将来
気の強い女に
なりそうです
おーい
それは
弦の
オモチャだよー

END

助産師さんからひとこと

前置胎盤を乗り越えて無事のご出産おめでとうございます。全前置胎盤なら必ず帝王切開です。辺縁や部分前置胎盤でも出血すれば危ないので大倉先生は幸運でした。女医さんの内診が雑で痛いというのは、実は意外とよく聞く話です。なので多くの女性が女医さん目当てで病院を選ぶ風潮はどうかな？って感じも無きにしも非ずかな。破水後、お産が急に進むのはよくあることです、辛かったでしょうね。おばさんが子宮を絞ってる絵はすごい（笑）。でも、産後すぐにもう一度産みたいと思えたとは、本当に素晴らしい経験をされたのだと思います。

助産師㋵

パリパリにんぷ日記
junko kawakami
かわかみじゅんこ
私が妊娠したのは 31歳の春
移住先の フランスで
ある日 学校帰りの バスの中で急に
きもち わる…
語学学校
くなって
次に台所の においが ダメになり
ゴミ箱とか 香水も 化学調味料も ダメになった
眠くなって
オエッとかなって
やせた
つわり じゃん
まるで
ビンゴ
でした
まず日本語の つわりサイトを チェックしました
ハハハ
アフリカ在住の人のつわり話、おもしろ～い

その後 近所の婦人科へ行き診察
個人医はたいがいふつうのマンションの一室
しきりも何もないところで下半身まるだし
別の所でエコー
子宮内に赤ちゃん確認
ちなみにフランスでは最後の生理日から2週間後を受胎日とします
なので日本の妊婦雑誌などを見る時はちょっとややこしい
えーっと日本で14週目だと…
5ヶ月目からは産科のある大きい病院へ…
移るのが大変でした
早めに病院きめた方がいいわよ
?
よくわかってなかった
まず電話して予定日を伝える——と
その日は空いていないと言われ
他の病院に電話してもそう言われ
また最初の病院に電話して断られ
交渉し
大丈夫道端で産んでる人はいないから
彼
みんな最後には病院みつけるんだよ
ぐったり
手紙を書いて待つこと1ヶ月
ようやく空きが出ました

ところで妊娠発覚直後に
ものすごく体がかゆくなりました
パリの水が悪いのもあって
かきむしってかなりボロボロ
自分の体ながら見たくない位のみにくさに
皮膚科でステロイド入りの薬を出され
あ
とっても良い先生だった…
「大丈夫だから」
と言われても
む————ん
もとから薬ギライの私
おまけにつわりのブルーも手伝って
彼とケンカ
そして塗られた
ちょっとおかしいんじゃないの？
だってもし赤ちゃんに何かあったら
塗られた後は何だかものすごくぐったりした
でも効いた
途中からあんまり神経質にならないよう努めましたが
妊娠初期はほんとうに色んな事が不安でした
私のしたいようにさせて〜

安定期に入って
つわりも軽くなると
ちょっと
ホッ
友人知人にも
うちあけてみたり
アーティチョーク柄
ホッとしすぎて
ムリしたり
バカンスで
彼の娘(彼はバツイチ)の
くそ重いリュックをムリヤリ
せおう私
バカ
↓
おなかが
張った
13キ
バカンス明けの
エコーで
女の子よ〜
元気!
カンペキ!
とっても
良い先生
だった
→
パア……
女子かあ
女の子と
わかる
くちびるが
見えた
おなかも
段々大きく
なってきて
おっ
パンツの前が
しまらない
マタニティなんかも買って
がぜんその気
アジャスターつきの
コーデュロイパンツ
スモック
ワンピ
「1 et 1 font 3」というブランド
いちたすいちはさん?
そんな折
痔になりました
きんちょうの走る
トイレタイム
今も治ってません

出産を間近に控え
肌着6枚
パジャマ6枚
チュルブレット2つ
チュルブレット?って何だ?
入院に必要な物のリスト
チュルブレット
寝る時使う
前より広めのアパートへの引っ越しも済み
彼のお母さんが手伝いに来てくれた
その翌々日
スーパー主婦ヨランダ
ジュンコ～
若い頃は超美女
みんなで引っ越しの片付けをしていた時
窓ふいとこ
帰ってきた時キレイな方が気持ちいいし
ハト
……
おなか痛いな
でも朝から痛かったし
でも何か
規則的なような…
まさか……?
ちょっと前におしるしらしきものもあった私

ちなみに予定日の2週間前から
ほぼ2〜3日毎に助産師さんの診察があった
貧血だとか
赤ちゃんが小さめだとか色々で
3000以下だとこっちでは小さいらしい
1度夜中に破水したかと思ってタクシーで病院にかけこんだ
最後の診察で
フンフンフ〜ン
助産師さん
トクトクトクトク
カルテ
赤ちゃんの心音をきいている
フンフンフ〜ン
グリ
予定日をわりだすスケール
じゃ
来週の火曜に産みますから
ノーブラ
と言われ
は?
「うみますから」って…
ハナうた唄ってるし
となる
出産って陣痛が始まって
10分間隔になるまで待って電話して
タクシーで病院行って
まだ子宮口が開いてないとか言われて帰される
もんじゃないの?
これはともかく
決めといた方がいいのよ〜
その方が確実にベッドあいてるし
胎盤も古くなってくるし〜
その時陣痛来てなかったら促進剤とか打つってこと?

そんな情緒のない……
とか思っていたのですが
もうたんじょう日きまっちゃってるなんて
えらいフツーに陣痛きた…
ぞーっきん
窓のくもりは心のくもり
き
きたかも
えっ
とりあえずおわってない原稿やる
一同ちょっぴりソワソワ
な 何分間隔かはかってね
ご ごはんは?
原稿も終わって
陣痛は10分間隔
病院へ向かいました
TAXI BLEU
きてますね
子宮収縮
うみますよこのまま
帰されることもなく
硬膜外麻酔《ペリデュラル》はしますか?
でた～このしつもん
フランスでは
大体の人がします
い…いや
耐えられれば耐える方向で……

あ
そ
フランス人特有の「へ〜何で？」という ムジャキな顔
一応 麻酔をかけても 問題ないか 血液検査
妊娠中 いったいいくら 血をとられた ことか
そんな事を している間に 段々と 痛みが強く
う
うーーん
彼に腰を 押してもらったり しつつ
大丈夫？
うーん
コリャ 痛いわ
イスの背
数時間が 経過
その間にも 何度も
麻酔 しますか？
と ききに来る
お医者さんも 時々来る
ボンジュール
この人 麻酔したく ないんですって
へ〜
でも疲れてきてるし 麻酔して休んだ方が いいんじゃない？

……
えーと
でももう少し
がんばってみます
あ
そ
決めるのはあなたよ
そうね
しかし
何でそんなにすすめるの？
——と思うと同時に
あらダメよー
赤ちゃんもがんばってるのにますいなんてフェアじゃないわ～
←母
何でそこまで抵抗するの？
という気にもなってくる
大体ホントに痛いし
助産師さんが
人工的に破水させる
バシャッという音がした
あし
そんな中赤ちゃんの心拍数を計る機械をつけられた
（ちつ内バージョン）
ところでその機械ですが
何か接触が悪かったらしく
時々こんなマークが…
ピコッ
ピコッ
そのたびに青ざめる私たち
あくまでフツーなノリの助産師さん達
あら？きのうはイケてたのに
もっとこうしたら？
こうは？
もう好きにして
おまけにそんなさなか
な何か臭い…
は～
ふ～

窓のすぐそばのゴミ捨て場で火が出たらしく
消えたゎ
ピーポー
ピーポー
消防車
こきゅう法できねーっつの
プラスチックの焦げるような悪臭が…
体に悪そうな
そして
あなたは今かなり疲れてきている
麻酔して休んだ方がいいわ
あなたが疲れると赤ちゃんも疲れるのよ
さんそ
すでに何か色々刺されてる
ジュンコ麻酔してくれ…
もう見てられない
フランス人は痛いのがキライ
で
しました
私は見てませんが
針はそうとうごつかったらしい
結論
眠れたのでよかった
ぐー
2人で2時間ぐらい眠った
…痛い
そして目覚め

いたい…
痛くなってきました
あらじゃあドーズを増やしましょう
ちょっとにして下さい
←悪あがき
ところがその後いくら薬の量を増やしても
痛い?
痛いです…
ヘンねぇ
痛い
ものすごく痛くなってきた
あら
う〜ん
もうまっすぐでいられない
麻酔の管に血が逆流してるわ
途中から薬が入ってってなかったのね
針を刺す時痛さのあまり私が飛びあがったので
ズレたらしい…
その後
麻酔を入れ直すだの帝王切開になるかもだので
↑あとから彼にきいた
急にバタバタしはじめた時
あ
ぐんっ
赤ちゃんがぐぐっと下りてきたのがわかった
あ
赤ちゃんが下りてきました
その瞬間
とライトがつき

こ
甲子園…
とか
下らないことを
思っている間に
助産師さんが
次々とマスクや
手袋をつけ始め
赤ちゃん
もうすぐ
そこに
います
産み
ますよ！
急転回
でも足を
乗せる台が
あら
あら？
ガクッ
ガクッ
とまらない
ダメよ
これ
あら
きのうは
イケてたわよ
こう
したら？
こっちの方が
いいんじゃ
ない？
もう
えーっ
ちゅーの
で 足はフツーに
立てひざで
はい
いきんで!!
うーーーん
ダメよ
ぜんぜん
だめ!!
ちがう
そ
そんなこと
いわれても
もう1回
くーー
目つぶっちゃ
ダメ!!
ダメ
ぜんぜん
ダメ
ヒイ
ヒイ
いたくて
体を
よじって
しまう
いきんで
あっ上手よ
ギャー

最後は助産師さんにおなかを押されて
出てきたわ
うえ〜
女の子よ
かわいいわ〜
うまれるとすぐおなかの上にのせてくれる
うまれたての赤ちゃんってぬく〳〵あったかくない
うえ〜ん
←私
うえ〜
←赤ちゃん
思いっきり泣いてしまいました
この子えらいとか思って…
初乳を吸わせ
身長と体重を量り
一瞬どこかにつれていかれ
すぐ戻ってきますよ
MAIA《マヤ》
2860g
ちょい
部屋にて再びご対面

いつのまにか外は朝で
ものすごくいい天気
赤ちゃんは小さくてフニャフニャで
かわいい
その後は2時間おきの授乳
おむつ替えや
おムツかえたりおふろ入れたりする部屋
お母さんがいっぱいでママキャンプってかんじ
お風呂の入れ方を習ったりして
3～4日で退院なのですが
私は貧血がひどく中々帰らせてもらえなかった
星が…
またいろいろ刺される私
ある日夜中におっぱいをあげてたら
グフッ
器官に乳がつまったらしく
モーレツに苦しそうな顔に…
し
しんじゃう
（と思った）

点滴をひきずって廊下にとび出した
アワワワワ
よくある事よ
よしよし
ポンポン
大丈夫
と言われた瞬間気絶
外のカンゴフさん
オーララ
翌日
お願いだから夜中に真っ白い顔で赤ちゃんを抱えて廊下に出てこないで
ボタンを押して下さい
はい
と言われた
※押したんだけど待ってられなかった…
会陰切開のキズはあんがい痛く
気分はまるで車に当てられたタヌキ
まっくらな木のうろにこもってキズをなめていたいそんな心境
乳がとまりそうなほどマズい食事
でも
今日退院はムリですね
今日もまだ帰れませんよ
ヘモグロビン値が低すぎます
自分が病気なのでは?と思うほど太っているお医者さん
もう1日入院されることをおすすめします
毎朝 医者と看護師が集団で枕元に来てこう言うので

何だか「世にも奇妙な物語」
おい?
のようで怖くなり
こ このまま一生帰れないのでは
ずっと2人部屋にひとりだったのですが
う〜ん
産んだばっかり
他の人が入ってきたのもあって
ものすごいでっかいひとでした
家族もみんなでっかい
ややムリヤリ退院しました
ちょっとキンチョーしつつ
帰宅
おかえり〜
彼の両親と入れかわりにうちの両親が日本から
彼女は現在2ケ月半
寝てると天使
うぶ毛がおでこをひとまわりして眉間をつないでいる
アムール
頭をズリズリ動かすのでうしろがハゲ
順調に育ってます
ワッツハップン?
何かついてる?
(とくいのギャグ)
海に漂っていた葉っぱ
みんなで海辺ですごすバカンスを夢みつつ…
甘〜く…
このぐらいになってるイメージ
このハラは戻るのか?

END

助産師さんからひとこと

遠くフランスでのご出産、薬に対する考え方や出産方法の違いに戸惑いもたくさんあったことと思います。でもかわかみ先生は「郷に入らば郷に従え」で上手に切り替えて妊婦ライフを送られたようですね。無痛分娩主流の国で、しかも何度も勧められたのに出産時の麻酔を我慢されたのはスゴイ！ 自分の信念を大切にされたのですが、最後には旦那さんの意見も受け入れられて…、でも結局管がズレて麻酔なしの出産。結果、どちらの顔も立ちましたね！ 貧血だった産後も何かと大変だったでしょう。お疲れ様でした！

助産師(よ)

パパ・ドント・クライ
一重夕子
yuko ichiju
ピコ
ピーちゃん聞こえるー?
ピコ
同棲3年 結婚6年
出てきたら「ピーちゃん」って呼びかけてみような
返事したら面白いよね
子供は まあ そのうちね なーんて言ってた われら夫婦が
ついに子宝を授かった
ピーちゃん 2ヶ月め
ピーちゃんとは まだ名無しのわが子の ニックネームであーーる
オレはお産に立ち会うぞ
入院中も毎日通う

オレが通える病院で産もう
葉酸は毎日飲みなね
妊娠線には気をつけな
はりゃ
こういうタイプだったとは
案外子ぼんのうかもしれん
やる気まんまん
ピーちゃんはこんなに愛されて生まれてくる
ちいさーい
きっといいお産になるに違いない
「お産は病気じゃない」って言うし
のほほーんと妊婦ライフをたのしめばい〜や〜
…くらいに思ってた
妊娠12週
切迫流産
のに
安静にと言われたので寝床で腹ばいになって仕事をした。
のにっ
妊娠34週
逆子
さかごをなおすポーズ（胸膝位）
このポーズを毎日15分。お腹が重いからけっこうキツイ。
ほうほうのていで突入した臨月37週めのこと
貧血↓
尿タンパク↓
レントゲン撮りましょう

X線室
赤ちゃんが大き目なのにあなたは体が小さい
念のために
143cm
今度はナニ？
妊娠中の方の立入り禁止
不安な気持ちで放射線をあびる
妊娠中にレントゲン撮ると
赤ちゃんの白血病の確率が上がるって聞いたぞ〜〜
ヴィーーーン
大がかりな機械でSF映画の主人公になったみたい
写真①
真横から
写真②
真下から
あなたの骨盤の間が11センチ赤ちゃんの頭の直径が10.5センチ
赤ちゃんはこの間を回転して出て来るわけですが
このでっぱりに引っかかる可能性があります
はあ

下から産むのは
無理
でーす
帝王切開
ゴーン
骨盤って開くんじゃないんですか!?
骨産道と軟産道があって骨産道は開きません
手術は毎週月曜と金曜です
いつがいいですか?
ずいぶんカジュアルに決めるんですね
普通に産めないほどチビッコだったとはオドロキだ
ヨロリ
むかしだったら死産? 出血多量死?
ヒュルルリ
ただいま
健診どうだったー?
ゴッ
帝王切開
おっ

えーっ
じゃあオレ立ち会えないの⁉
うえ
うえ
あたり前じゃん手術《オペ》だもん!!
下から産むことに夢を持ってた →
しかし Xデーが決まったとたん 気持ちが楽になったのも 確かで
陣痛や破水のキョーフとさよなら
友達
予定帝王の方が ラクだし 安全だよー♪
出産までの予定も立てやすい
結局 夫の仕事の 休みにあわせて 予定日より10日早く 出すことに なりましたとさ
前日から入院 その夜から絶食
産後 お母さんが処置を している間
お父さんに先に 赤ちゃんを抱っこして もらいますネ
やったあ
オレが一番初めに 抱けるんだあ
ばんざーい
最後の胎動を 感じながら 思ったことは
やっと 会えるんだね ピーちゃん♡
じ〜〜〜ん
明日からこの ディープな交信が なくなるのかと思うと 寂しーなー
ぐにゅ
ぐにゅ

救急車
救急車
バタ
バタ
バタ
おお
これから
お産が
始まるんだ
産科の夜は
一晩中
にぎやか
ベビー室から
聞こえる
赤ちゃんの声が
まるで
ホラー映画みたいだと
思うのは私だけ??
オギャア
…手術…
怖いよぉぉぉ
オギャア
手術当日
てくてく歩いて
手術室へGO
ぎゃっ
でっかい
酸素ボンベ!!
さんそ
実際に使うことは
まずありませんよ
にゃ～っ
ほんと?
妊婦の不安を
あおる所に
置くな～～
ドキドキドキ

脊髄に麻酔の針を刺します
帝王切開は下半身のみの部分麻酔
チクリ
これはそんなに痛くなかった
手術自体は15分縫合ふくめ計45分くらいで終わると言われ
PM2時手術スタート
キョロ
キョロ
マンガで描くからよーく見とこ
看護師さん助産師さんなど計4人のスタッフ
10分経過
んーーー
さわられてるのはわかるけど痛みナシ
30分経過
ハッ
ハッ
麻酔のせいで呼吸が乱れる
やけに時間がかかってるなあ
もう赤ちゃん出ましたか？
まだです
今ナニやってるんですか？
子宮の壁を開いてるところです
あんまりヒマなんで記念にモー娘。歌ってみたりして♡
ニッポンの未来ウォウウォウ
(小声ですよもちろん！)
ククク
麻酔医師さんが気がついて笑ってた
一重《いちじゅう》さん
子宮筋腫あるって言われました？

筋腫!?
いえ 初耳です
…と その時
ずるるっ
何か大きなものが下腹からグワッと引っぱり出される感じがして
大きい!!
体が軽くなった
お…大きいの？
目の前のタオルがじゃまで何も見えなーーいっっ
…らあ
らあ
らあ
そんなのはいいから
早く見せてくれええっ
メチャメチャもどかしい数分間の後
さい帯を切断したり
鼻と口から吸引したり

はいっ
男の子だぁあ
どうですか？
らあ
つきあいが浅いからまだよくわからない
です…
今思えばどうしてそんなことを言ってしまったのか
後悔
記念すべき第一声なのにゴメン！
さっさと赤ちゃんは取り下げられて
ゴオオオォ
血液を吸い出す音
ちくちく
ちくちく
ちくちくちくち
傷口をお裁縫される
子宮は体内で溶ける糸でぬわれれ
バッチン
バッチン
皮フはホチキスどめ

その頃
遅いっっ
もう2時間近くも待ってるのに
イラ イラ
何かあったのかなあ…
ICU
コッ コッ
あっ先生!!
手術は終わりました
赤ん坊は!?
はい
ナニ…コレ…
子宮筋腫でっす
縫合に邪魔なので一番大きいものだけ取りました
合計3つありました
じゃあ
くるっ
あああ先生っっ

赤ん坊は……？
病室
ふ〜 やっと終わったあ
なーんか面白い体験だったなあ…
おなかへこんでる
はいっ赤ちゃーん
軽い…
ちゃんと五体満足だよ
よかったー
48cm 3048Kg 私の体との対比で大きく見えたのかな？
不思議な命が手の中にある
可愛いと言うよりも神々しい感じがした！
カンガルーケア

あー
いたいた
病室に
戻ってるよ
バタバタバタ
なんだよー
もう
抱っこしてるじゃ
ないか
赤ちゃん
連れて来るから
ロビーにいろって
言われて
ずっと
待ってたのに
ヒドーイ
オレが最初に
抱くはず
だったのにー
くそう
あの先生
子宮筋腫で満足して
かんじんの赤ちゃん
忘れちゃったのよ
失礼しちゃう
赤ちゃんのかわりに
子宮筋腫を
見せられた
夫と母
お宮参り
よしよし
いい子ねえ
でも
あの時はっ
なんで健診のとき
子宮筋腫があるの
わかんなかったの
かしら―
その怒りは
いまだ
おさまらぬと言う
END

助産師さんからひとこと

せっかく自然分娩の心構えをしていたのに、急に帝王切開と言われてショックでしたね。児頭骨盤不均衡は必ずレントゲンで診断しますが、レントゲンを撮る時もちょっと大変だったりしますよね。でも前向きに受け止めて、潔く手術室で歌までうたいながら頑張りましたね。筋腫も取ってもらってスッキリなさったのではないでしょうか。一重先生の出産直後のコメント「つきあいが浅いからまだよくわからない」って名言かもしれません。確かにその通りで私は気に入ったな(笑)。いきなり筋腫を見せられた旦那さんとお母さんは可哀想に。もう少し配慮がほしかったですよね。

助産師(よ)

ひなたみわ
Miwa Hinata

おきらく助産院出産

助産院で産もうと思ったのは
じじじ…陣痛って…
痛いんだよねぇ…?
私がダメ人間だったからだ
注射すら怖いってのに…どうにか楽する方法はないのか!?
調べマニア
人の親になろうとしているのに
なんだよ!! 無痛分娩って麻酔(=注射)打つんじゃんよ!!
キッ!!
注射の痛みが基準の女
これをダメ人間と言わずして何と言おう!?
助産院?

フリースタイル
アットホーム
夫立ち会いは診察から歓迎
経験者は皆良かったという
…
会陰切開しない
会陰切開しない
会陰切開しない
ぱぁ…
…痛くなさそう…
注・会陰切開と陣痛は別モノです♥
さっそく助産院にて初診
こんにちはー初めましてー
助産師さんはみんななぜかものすごく若々しい…
↓マタニティ雑誌で読んだ(ヤな患者…)
エコー
まだ2ヶ月位だし不安定だからおめでとうとは言われないんだよねー
これじゃない？あらぁすごいわ！
え？
良かったじゃない！
不安定な時期だからこそこの一言ですごく前向きな気持ちになれたのです
…はい…
ここならお産をポジティブに迎えられると思いました
よろしくねー
夫
ここで産ませて下さい！
――と書くといい話みたいですが
陣痛はまともに来るよ？
がんばるわアナタ…ウフフ…

その後
2ケ月で
3キロ増
7キロ増までっていわれてるのに
まるっ♥
このままじゃ
病気に
なるわよ~
ダメ人間
さっそく
食事指導が
入る
玄米を
たくさん
食べて
おかずは
減らして
玄米ごはんは腹持ちも消化もいいから太らないのよ!
季節の野菜
根菜や大豆が
中心の食事よ
病 気?!
だからってアレほどモチは食うなって…
年末年始があったのですよ…(←いいわけ)
助産院は妊娠中から
気をつけるところ
なんだなあ…
病院は
何かあったら
対応できます
助産院は
何もないように
普段から
心がけましょうね
ーーで
ちなみに
食事ですが
ちょっとがんばり
ましたら
やったー
体重増加
おさまったー♥
シュークリーム
食いたいー♥
コイツ…
…
ダイエットにつきあわされた夫
……ので
わりとすぐ
テキトーに
なりました♥
(ダメ人間)
そういえば
マタニティ
ウェアですが
トータルでこんだけ買った
ウエストゴムのマタニティズボン
グリーンレーベルのデニム
無印のワンピ
マタニティ下着
もったい
なかったので
できるだけ
買わないように
したのです
バンド付ガードルはお腹が張るので買った
結局はかずじまい
ーーでも
普段服は
臨月になると
さすがに
ビミョー
前身ごろが足りん…
5ヶ月くらいから
着倒せば
マタニティも
モトとれたかも
やっぱマタニティは
着やすいですよ!
(特にズボンは
おなかに優しい!)
自分への
ごほうびに
思い切って
買うのも
いいですよ

ところで臨月まで仕事してたのですが
ぎゃー――!! おしるし!!
正産期前日 仕事があと少しってところだったのだ!!
どーしよー!? 24時間以内に始まるっていうよね!?
あわてて産院に
うーん まだみたい ねぇ
おしるしって けっこうアテに ならないからね
そ… そうなん ですか…
その後 なんとか仕事は 終わる
よ… よかった…
たんとうさん
ニンプなので あおむけで すべりこみ
とたんに 腹 おちつく。
その後 3週間出て きません でしたよ…
夫
おまけに 前駆陣痛を ホンモノの陣痛と まちがえて 俺は会社を 休まされるし…
そして迎えた 本番(出産)
いてて おやっかいします
夫と一緒に 入院
この時はまだ 余裕があった
写真も 撮ってたし
カシャ
院長先生も 度々様子を 見に来てくれる
湯たんぽよ 使ってー
あーーっ!! すっごい ラクですー!!
夫もずっと ついててくれて 心強かった
腰をずっと さすってもらった
うーー
――が

痛い。
痛いです〜〜〜!!
もっともっと声も出なくなるわよ
玉の汗が出るくらい！
玉の…!?
い…いやじゃあ!!
ダメ人間陣痛から逃避（ムダ）
ちぢこまりッ!!
お…起きあがってみる？
むむむむりです〜
じゃあコレ飲んでみる？
なぜかいい陣痛が来るのよ
リ●ピタンD
仕事の時もお世話になってまーす
フ…ファイト一発…!?
ホントにいいのが来ました。
痛痛痛痛
そ…促進剤…？
陣痛が弱まっている妊婦さんになぜか効く事があるそうな…なぜ？
こ…このままじゃラチあかねぇ!!
やっと気付くダメ人間
おきあがる
ヨロ…
そしてそのうち
なんか…い…いきみたくなってきた…
じゃあいきんでいいわよー
いきみは逃さなくて良かった
これはラクでした!!
んーーーッ!!
そう上手よ
そしてだいたい3〜4回のいきみの波で

ほぎゃ
ほぎゃ
AM 1:04 3080gの女の子でした
こ……!!!
だれ?
頭のカタチはちゃんと丸かった
これかあ…
ぬけがら…
へその緒は夫が切った
ほげあ
ほげあ
や…やっと終わった…
夫婦してなんとも…な感想
でも半日もしないうちに
よこせよ
やだよ
よこせよ
やだよ
がわいいね~~!!!
ホルモンに従順なんです…
会陰は少し切れたのでクリップで1ケ所だけとめた
うふん
ラクだったよーん!!
翌朝には横座りしてました
処置の後少し休んで授乳
産後24時間でどれだけ吸わせられるかで決まるのよー
正しい母乳指導はホントに重要ですよ!
その後4日間入院
夫はなんと3日間一緒に泊めてもらいました!
1日だけ帰る用事があった→
他の人もみんな産院から会社に行ったりしてるのよー
↑まじっすか?!
親子(笑)同室畳に布団で毎晩川の字で眠る
大変だったが何とかなった
1日1回問診とおっぱいマッサージ
どうですかー
昨日も寝れませんでしたー

さりげない いやしの数々
会陰に燻煙とか
タオルをかけて 中に煙をたいてくれる 気持ちいい…!
はぁ…
アロマオイルで マッサージとか
はぁ…
毎日 話も 聞いてもらえる
しゃっくりは どうすれば いいんですか!?
そのうち とまるわよ—
ペこっ ペこっ
赤ん坊の しゃっくりって ヘンな音…
バカ質問
黄疸や おっぱい出過ぎには ホメオパシーの レメディ
トイレにある 会陰消毒の ガーゼからは ラベンダーの香り
ちなみに私の 入院準備品
歯ブラシ
これだけ…
退院の時の産着
ヘルシーメニュー!!
野菜と大豆と 海草中心 魚も少なめの 手づくり
五穀米とか 玄米・黒米とか
すごいおいしい!!
エステか!? ここは!? と思いましたよ!!
色々用意 してたんですが いりません でした…
入院の時は 体ひとつで いいわよ—
なんにも いらないって 言ったじゃない〜
産着も私の 服も産院の ものを借りた
洗濯も してくれた
授乳ブラ・パッド 産じょくショーツとパッド 馬油まで入ってました
お産セットも むこうで用意 してくれ
紙おむつも あった
まさかこんなにいたれりつくせりとは思わず…
里帰りも するつもり でしたが
家族一緒も いいわよ
帰らなくても 結構どうにか なるものよ
俺も…できれば 一緒にいたいなぁ
毎晩一緒で 離れがたく なったらしい
結局 里帰りは やめました
それなりに 大変でしたが 二人で 乗り切ったので
育児に自信が つきました
HAHAHA!!
授乳以外 なんでもできるぜ!
SUPER PAPA
信頼度が あがりました
DAME MAN

まじめに こしたことはないですが…（笑）

END

ひなたみわ

Miwa Hinata

うくちん自宅出産

産む場所について考える
この子の事も考えると自宅出産が一番ラクそうだなあ
ひこーきー
2さいになりました
前と同じ感じにいけば場所が自宅に変わるだけだもんな
おにぎりー
二つ折にしただけ
この子にとっては新しい家族が増えるというだけでも衝撃だろうし…
ママ…
うふふ…
できればそれ以外の環境は変えずにいてあげたい…
それにわしも入院中2人の子の世話したくない…他に頼むのもメンドーだ…
ママーおしっこー
ぶにー
よくのびる
本音
割と軽い気持ちで決めました
夫もすんなり受け入れてくれた
のほーん
いいんじゃない？
部屋狭いし汚いけどね！
まあいっか！
掃除しろ。
ちなみに親の反応
おまえは止めても聞かんだろ…
そそそりゃもうアナタの好きにすべきよー
母
父
やさしい義父母
いいんじゃない？
お産
お湯は？大きなおけはいらないの？
そう書いてあるわよって
30年前の お産
……
えっ…
今は昔と違って台所に行けばたいていの家がすぐお湯でるし
それにそんなにお湯も使わないいんですよ
お布団だけしいておいてくれれば大丈夫！
↑30年前の本

自宅出産だと さらに健康管理が重要になってきますが
今回の私の健康管理
体重計は毎日乗りました♡
ダメっぷり悪化…
フツーに揚げものとか食べてました♡
なぜか安定期に料理ブームまで来る始末
クリスマスにはローストチキンまでこさえる…
男ならケンタロウ 女ならカツ代だね♡
妹
それは困る。
でもお二人のレシピは好きです♡
ちなみに上の子はまだ授乳中
授乳のとき不快感と軽いおなかの張りもあった
うう…大したことはないのだが
妊娠のせいかしらん…
でもこの子もおっぱい大好きだものね…
院長先生も流産と因果関係はないって言ってたし…
本音
ーていうか断乳メンドくさいし。
くかー
話は変わりますが
今回はマタニティウェアは早めに買いました
5ヶ月で水天宮にお参りに行ったとき おはらいのかわりに買ったマタニティデニム
(おまもりしか買わない奴…)
すっごい楽ちん!
自分にごほうびは忘れない♡
だってさーニュラニュラで色もメンドーだしさー
まあヤフオクとかで安いの探したんですけどね
前身ごろが美しい…!
無印
やっぱマタニティは機能的
今回も臨月まで仕事
終わった!!

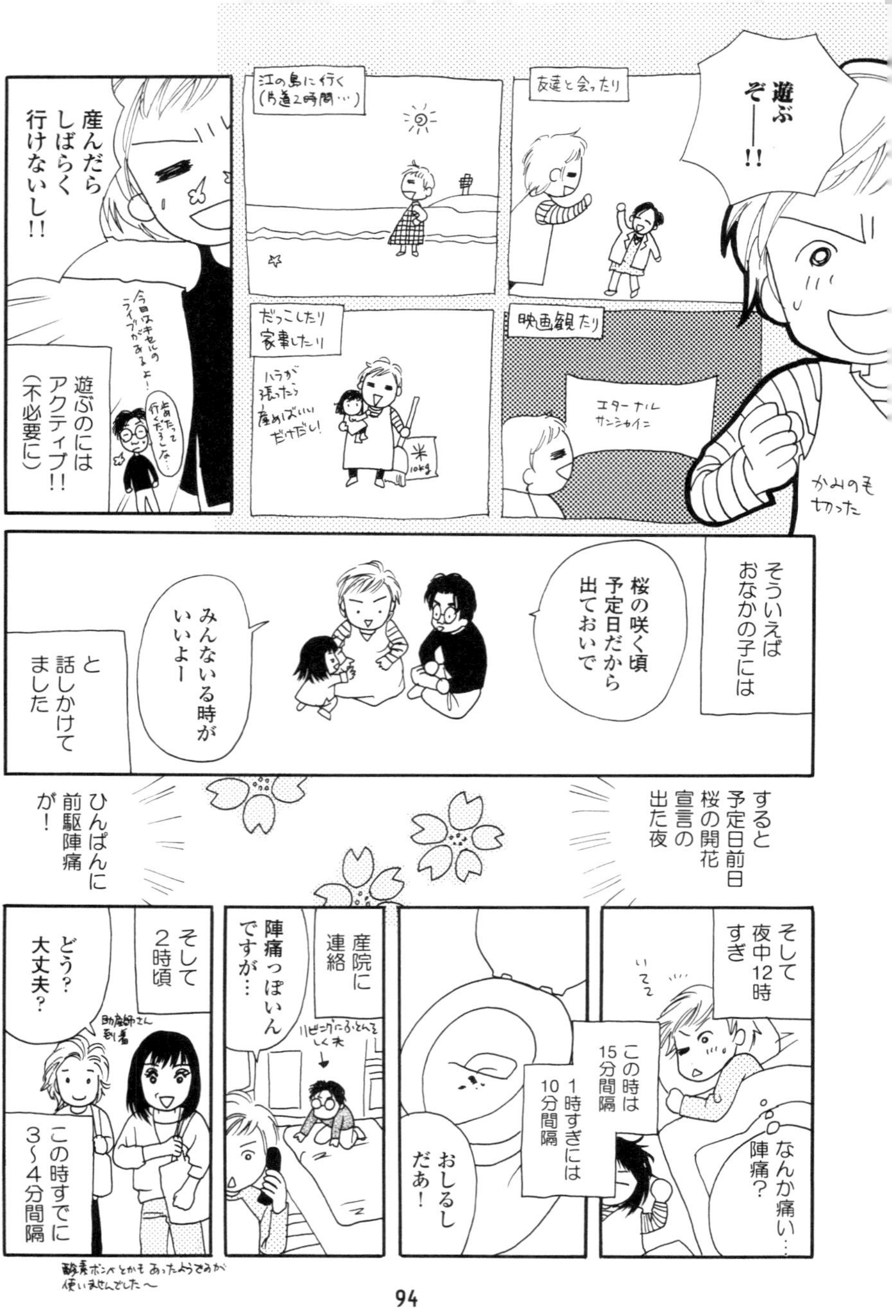
遊ぶぞーー!!
かみのも切った
友達と会ったり
江の島に行く(片道2時間…)
映画観たり
エターナルサンシャイン
だっこしたり家事したり
ハラが張ったら産めばいいだけだし!
米
10kg
産んだらしばらく行けないし!!
今日はキセルのライブがあるよー!
止めたって行くだろうな…
遊ぶのにはアクティブ!!(不必要に)
そういえばおなかの子には
桜の咲く頃予定日だから出ておいで
みんないる時がいいよー
と話しかけてました
すると予定日前日桜の開花宣言の出た夜
ひんぱんに前駆陣痛が!
そして夜中12時すぎ
いてて
なんか痛い…陣痛?
この時は15分間隔
1時すぎには10分間隔
おしるしだあ!
産院に連絡
陣痛っぽいんですが…
リビングにふとんをしく夫
そして2時頃
助産師さん到着
どう?大丈夫?
この時すでに3〜4分間隔
酸素ボンベとかもあったようですが使いませんでした〜

でも
私は
腰をさする夫
いてて
朝までに
生まれる
かなあ…
だってまだ
耐えられ
るよ?
陣痛って
もっと痛かった
気がする
あれ??
なんせ私は
注射の痛みが
ダメな人間
陣痛の
あいまには
世間話も
してたし
もっと痛く
なりますよね?
??
余裕ッ
でももう
赤ちゃんの
準備は
いいみたいよー
今回は陣痛に
できるだけ攻めの
体勢
横にはならず
座ってました
いてて
さすがに前回で学習
さっさと
終わらせ
るのだ!
うううう
そのうち
いきみたく
なってくる
やたっ
え!?
もう!?
今回も逃さなくて良かった♡
さっさと
出てこい
オラァ!!
ぐ
3～4回の
いきみの
波で
あああ
AM 2:53
2900グラムの女の子
でした
ほぎゃあ
こ…
ほぎゃ ほぎゃ
この子も頭はさいしょから丸かった
これかあ…
…朝まで少し
眠れるかな…
またまた
なんとも…な
感想…
へその緒は
こんなに
長くない…
そして半日後に来た溺愛(アホ)

夫が娘を起こしてくる
となりの部屋で寝ていた
ほら 赤ちゃんだよ——
あ——っ!!
あかちゃん!!
母の絶叫になぜか起きなかった娘（いつも夜泣きするくせに…）
娘はすぐに赤ん坊に大喜び!
2人産んで良かった…と思った瞬間でした
あらん
住みなれた家で家族そろって
信頼している助産師さんと迎えられた赤ちゃん
とても和やかなお産となりました
陣痛から2時間の超安産
上手だったわねえ! リラックスできてたのね
いやあ
どうやら臨月に遊びまくっていたのが良かったらしい
エバるな
産後5日間
毎日往診に来てもらう
自宅出産っていいですねぇ
私も産むなら自宅!って思ってるのよー
私も——
プロがそう思うんだ…

陣痛が来たら
家にいればいい
使いなれた
モノに囲まれ
好きにすごせる
子供の世話も
しやすいし
日常生活に
戻るのも
赤ん坊がうちに
なじむのも早い
ホラ おふろだよ
部屋が汚いのを
開き直れれば！
エバるな
まあ それは
いつもですが
あえて危険な
ワナといえば
家事に目が
行ってしまう事
でしょうか…
お茶が
もうない…
わかさなきゃ
主婦ですから…
寝てろ!!
あまりにも
楽だったので
陣痛に対して
ヘンな自信が
今陣痛が
来ても
産める!!
もう予定はナイ
でもそれって
やっぱり
とても良い
お産が
できたからだと
思うのです
こ…こんなの
陣痛と思えば…
後腹も
大丈夫!!
痛いけど!!
姉妹同時授乳
注:ヒナタ
注射が
怖かった
奴が…
ooo
世間で思われる程
助産院や
自宅出産は
すごいモノでも
なんでもないです
むしろ自宅出産は
楽で安あがりで
いいです!
入院費用が
おさえられて
安かった
のです!
私はコレで
お宮参りの
スーツを
買いました♡
節約しろ

いろんな産み方があってよいと思うのですが
どんな産み方があるか自分はどうしたいのか
ちゃんと知り納得するのは大切だなあ…と感じました
健康に産んでくれた親に感謝！
助産院や自宅出産は誰でもできる選択じゃないので…
私は正直親になれるか不安がありました
それが2人も子供を持てたのは
あうー
いまおねーちゃんっていったー
良いお産ができたからだと思います
ダメな産院で1人目を産んでたら2人目はいなかったかも…
女性にとって人生最大級のイベントである「お産」
大切にしてあげて下さいね！
そしてもしあなたが助産院や自宅出産に興味があるなら
ぜひぜひオススメしますよ！

END【取材協力】助産院 未来（埼玉県戸田市）

助産師さんからひとこと

助産院のよいところ満載で、助産院で働いている私としては嬉しい限りです。先生みたいなダメ人間（笑）なら助産院としては大歓迎ですね。お産の時のリポD、なぜか効くんですよね、お勧めです。里帰りをやめたのも正解！ 里帰りしてしまうと父子関係が薄くなってしまうし、祖父母の介入で思うように子育て出来なくなるのが常です。夫婦のこどもであるということを忘れないでほしいのです。二人目を自宅出産されたのも素敵な選択でしたね。妊娠中の授乳に関しては、病院では理解されず断乳させられてしまうケースが多いです。今世界では自然卒乳という考え方が主流なのに日本ではデータがないという理由でまだ浸透していません。世界の自然卒乳平均年齢は4.2歳で、WHO（世界保健機関）でも少なくとも2歳までは母乳を続けるよう勧めているのに、日本では役所の1歳6ヶ月健診で母乳をやめるよう勧める人がいたりして嘆かわしいことです。母乳は栄養的なことだけでなく、精神的な意味合いが大きいことを知ってほしいと思います。愛情を飲んでいるといっても過言ではないのです。　助産師(よ)

耕野裕子の
愛ある暮らし
～第2子出産までの道のり編～

耕野裕子

YUKO KONO

耕《こう》野《の》です
我が家は
4人家族です
夫
しゅんじ
まんが家
長男
ひょー助
超ワイドな
0歳
長女
フー
7歳

はじめての出産は
7年前
我が子ですもの
生まれたアカンボは
とってもとっても
可愛かった
けど……
育児は苛酷だった……！
もともとペンより重い物を
持ったことのない軟弱な
まんが家です
抱いてないと
寝てくんなーい
疲れるー
腰痛いー
肩痛いー
手首もげそー
上腕痛いー
せめて
座れば？
座ったら
泣くーーっ
ギャー
よし！
交替

ようやく寝た――
そ――っと そ――っと…
プギャ〜〜ッ
……
ガックリ……
今度は私が抱くよ…
四六時中この調子
おかげで…
ウッ
ピキピキピキッ
こ…腰が…っ 腕が…っ
ヒザがあっ
あわわわわ
ようやく寝てくれた……
ホッ
そ――ッ
今のうちに台所片付けて私も寝よう
プギャーーッ

再度就寝
やばい〆切りもうすぐだ……
眠いけど少しでも進めなきゃ……
フギャーッ
ダ…ダメだ……
眠いよ〜〜
死んじゃうよ〜〜〜
すう…
……
それでもこーやって……
私にぴったり身体をあずけて眠っているアカンボは
やっぱり愛おしい……
うとうと
ズズズ…
ぺたん…

プギャーーッ
(座んなコラ〜〜ッ)
なんでおとなしく眠っとられんのじゃーーーっ
はぐき
交替交替っ
もうーー イヤだ〜っ
じたばた
じたばた
睡眠不足で頭痛がする〜〜っ
仕事がぜんぜんできない〜〜っ
足痛い 腕痛い ヒザ痛い〜〜っ
ホゲーッ
ホゲーッ
まぁまぁ落ちつけ! 気楽にやろうぜ
そう言う夫もボロボロ…
&ヨレヨレ…
お互い実家が遠くてジジババは頼れず
自宅就労なので育児は分担
おまけにこの長女フーは
○○医院
ぜんそく持ちのアトピー持ちで週一の通院1日3回ののみ薬ぬり薬
ビェー
コンコン
コンコン
いやーもう手がかかる手がかかる

余談ですが 通院といえば こんなことがありました
はい フーちゃん おりこうに できたね
ありがとう ございました—
次の方〜
ん
お———っ 女優のTと 俳優のH夫妻だ
そっか〜 ウチのコと 同じくらいの アカンボ いるんだ〜
近所に住んで るのかな〜
ドキドキ
さすがに キレイ…
だけど スッピンで ラフなカッコして ……
育児 がんばってる 感じだな〜
お互い がんばろうね
同じ歳の子が いる、て一点のみで 美人女優と 同列にいるつもりの 奴…
この俳優夫婦とは この後も 妙なご縁があるのですが それはさておき

今まで…
好きなだけ寝て
好きなだけ遊んで
好きなだけ仕事してきた
勝手気ままな
漫画家夫婦
救急入口
そんな私たちを
めいっぱい
振り回す
フー
そのフーが
ようやく1歳に
なった頃
親せきのおばちゃん
二人目は
いつ？
二人目!?
とんでもない!!
こんなに
こんなに
大変なのに
また一人
アカンボが
増えるなんて
無理!!
絶対無理!!
二人目…
いつかは欲しいと
思ってはいた…
でも…
まだまだ
先のこと
だよねえ
フーが2歳に
なっても
二人目？
ハッハッハッ
まだまだ
手が
かかるのに
ムリムリ!!

ところが……
フーが3歳になった頃
私は不思議な現象に見舞われたのです
少しだけ育児楽になってきた
でもとてももう一人産んで育てるなんて余力残ってましぇーん
あたしら二人目いつつくる?
わからん!
でもとりあえず今はムリ
だよね〜
でも世の中…
3つ違いの兄弟
ってのがすーんごく多い!!
3キ
0キ
7キ
4キ
てことはここらへんでちゃーんと二人目つくってるんだ〜
体力あるな〜
私は仕事だってしたいし
ひと休みもしたいよ…
みんなスゴイなあ〜……

楽になったっつってもまだオムツだって取れてないしねー
いまだに夜中何度も起こされるしなァ
そーそー当分二人目なんて……
…………
じ〜〜〜ッ
どうした？
？
？
街に妊婦さん増えた？
別に…普通だろ？
ガラガラガラ
うわぁ……♡
赤ちゃーーーん……♡
オイオイ見ろ！

俳優のHと女優のTがいるぞ!!
あっ あたし前にも病院で見たよ!!
ハッ
この近所に住んでんのかな——っ
Tさん
お腹
大きくない?
そーかあ?
洋服のせいでそー見えるだけじゃない?
いや!! 絶対あれは妊娠してる!!
何してんの?
カチッ カチッ
カタカタ カタカタ
確かめるの!!
ホントにTさんふたり目妊娠してるか
きっとどこかに情報出てるハズ!!
ありゃ〜 モノ好きだネー

あれは…
あれは
間違いない!
絶対おめでた!!
う～ん
彼女のHP《ホームページ》って
ないのかなァ
じゃ
ダンナのHの方で
検索!!
カチカチ
カチ カチ
カタカタカタ
タカタ
あのお腹は
絶対おめでた!!
ハッ
やばっ
寝かしつけ
して俺まで
寝ちゃった!!
ガバッ
仕事やんなきゃ
仕事やんなきゃ
……
アレ
カチ
カチ
カタカタ
カタカタカタ
まーーだ
やってたの!?
どこ探しても
出てないの
～～～
女優Tの
懐妊情報
～～～
わーーーっ
スゴイ顔
ドロドロドロ～

おっかしいな〜
おっかしいな〜
絶対妊娠してるハズなのよ〜
記事になってないのかな〜
どーだっていーだろ 他人のコトなんて――っ
どー しちゃったの 一体!!
ハッ
チュン チュン
チュン チュン
……
やだ!! あたし…
変
………
そーなんです…
この時期の私は確かに変でした
街に出れば妊婦さんばかり目について仕方がなかったり
赤ちゃんなんて見たらもうむしょーに可愛くて可愛くて…
胸がきゅ〜〜んってなんの…
ホラ 涙まで…
じわ〜っ
どーして?
なんでこーなんの?

ホントは…二人目欲しいのか？
つくるか？
違う！
本当に今二人目はいらない！
でも本能が……
本能が……
ほ……
ホルモン
HORMONE

そっかーーっ
全てヤツの
仕業かーーっ
世間に
3つ違いの
兄弟が多いのも…
最近の私の
モヤモヤも…
ホルモンが…
ホルモンが
……
「次の子つくれ」と
命じてるんだ
ーーっ
そーに違いない!!
思うに
女性が出産を終えたその瞬間
母体のどこかで
「次の子つくれホルモン」は
3年後にむけてセットされる!
そして…
スイッチON!
タイマー
3年後発動!!
ちゅどーん
うッ
ズン
はあぁ〜
かわいい
うらやましい
これはきっと
種の保存の
ための
メカニズム
なのだ!!
おそるべし…
「次の子つくれホルモン」
………
人体の神秘だわ…
…ってソレ
医学的に
本当の事?
つーか勝手に
命名しちゃってるし
…長いし…
…

とまあ
こんなワケで
私は落ちつきを
取り戻し…
なーんだ
ホルモンの
影響かぁ
わかったら
気が楽に
不思議なことに
半年もすると
あの妙なモヤモヤも
なくなってゆきました
平静
ホルモンが
切れたな
……
そして
その2年後……
我々夫婦もようやく
重い腰を上げることに…
そろそろ
次の子
フーも来年
小学校だしね
しかし ここでも
ひと騒動
うわーん
病院行ったら
卵巣機能不全で
妊娠はむずかしいって
言われた——っ
なに——っ
いわゆる
2人目不妊…?
卵巣のお薬
次の生理が
終わったらスグ
飲んでね
まずは
これから
始めましょ
できれば
自然なカタチで
ハラみたかった
よ…
しくしく
不妊治療スタート!

ところが……
もらった薬を飲む前に
妊娠しとるがな……
奇跡だ……
陽性
HANTEI
この病院は なんとなくケチがついちゃったので違うトコに替えて
おお〜この感覚!!
妊婦生活スタート!!
なつかし〜
グルン
ブルン
自然分娩希望です
一人目のお子さん帝王切開で産んでるのね〜
むずかしいかもね〜
そこをなんとか
前が帝王切開だからこそ!
今度こそ味わってみたい
子供が産道を通過する感覚
……
スー
スー
ハァァァァァァァ
自然分娩に向けて呼吸法の練習!!

年齢的にも体質的にもねー
帝王切開の方が…
そこをなんとか
赤ちゃんかなり大きめよ
切って出した方が…
※一人目で一度おなか伸びてるから2人目は大きくなりがちなんだそうな
そこをなんとか
妊娠中毒症になって入院
放っとくと母子共に危険よ!!
帝王切開で…
そこをなんとか
ダメです
悪アガキしまくって医者を手こずらせながらも
しぶしぶ承諾
行ってきまーす
ガラガラガラ
VIDEO
がんばってこーーい
骨は拾ってやるぞーー
陣痛もないのに切って出すのって抵抗あるな〜
……
ウウム…
フーの時は陣痛が来たあとで切った
しばらく全裸で放置
……
しばらくするから待っててね〜
せめて布くらいかけて…
帝王切開って麻酔使うけど……
先生…痛いっ
痛いですーーっ
子宮収縮の痛みって麻酔効かないのよねー
何かを剥がしている……
ガリガリガリ
痛いもんは痛い!!

そんなこんなで二人目誕生
は…発表します…
だぶついてる…
4,210グラム〜〜っ
ホントに助産師さんにこう言われた
超ワイドサイズの男の子でした
ぐったり!!
このあと傷の痛みとも格闘…
ザワザワ
悲願の自然分娩は達成されなかったけど
まあ無事で何より
…ってコトで♡
とうとう4人かぞく…
ちなみにあの俳優夫妻ですが…保阪《ほさか》尚希《なおき》と高岡《たかおか》早紀《さき》夫妻でした
もう夫婦じゃなくなっちゃいましたね…
離婚していた!!
等価交換というか…
ありゃー
でもこれからも応援してるよー
さて
コイツが3歳になる頃……
「次の子つくれホルモン」発動するのかな〜
今からちょっとドキドキです

END

助産師さんからひとこと

「お母さんが座ると泣く」とのことですが、赤ちゃんは胎内で揺られていた記憶がまだ鮮明なので、お母さんが動いたりゆらゆらしているのが好きなんですね。でも耕野先生のように旦那さんと交替したり、どこかで諦めていいのだと思いますよ。一人目が帝王切開だと、病院では危険性を考えて二人目もそうしようとすることが多いですね。でも耕野先生が自然分娩したいと努力したことは、きちんと赤ちゃんに伝わっていると思います。「次の子つくれホルモン」、私もあると思います！多くのお母さんは上の子が独り立ちしてくると、赤ちゃんが恋しくなるようですね。旦那さんも協力的で、二人で力を合わせて育児しているのが伝わってきました。

助産師(よ)

一人目を産んだ時
子育ては体力勝負っていうけど
思ったより楽チン〜
でも夜泣きはすごかった本当にすごかった。

その言葉を口にするのはまだ早かった と解ったのが

二人目を妊娠したとき――

二人目妊娠＆夫の実家で里帰り出産

おかざき真里
mari okazaki

アソンデアソンデー
きゃっ♥
←2才!
つわり.

沸点が低い
旦那.
ガヴ
Like a…
Lion.

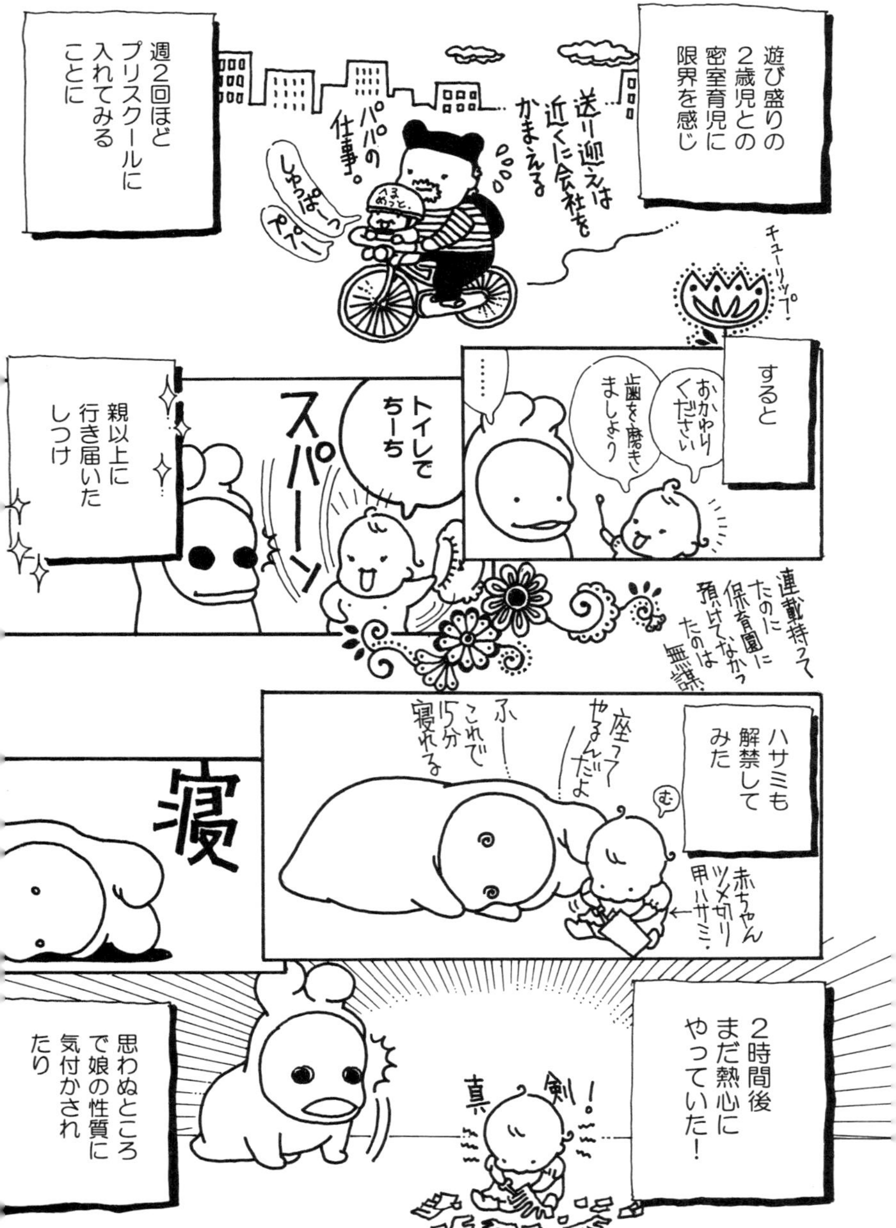
遊び盛りの
2歳児との
密室育児に
限界を感じ
送り迎えは
近くに会社を
かまえる
パパの
仕事。
ヘルめっと
しゅっぱーつ
ペー
週2回ほど
プリスクールに
入れてみる
ことに
チューリップ!
すると
おかわり
ください
歯を磨き
ましょう
……
トイレで
ちーち
スパーン
親以上に
行き届いた
しつけ
連載持って
たのに
保育園に
預けてなかっ
たのは
無謀
ハサミも
解禁して
みた
む
座って
やるんだよ
ふー
これで
15分
寝れる
赤ちゃん
ツメ切り
用ハサミ
寝
2時間後
まだ熱心に
やっていた!
真
剣!
思わぬところ
で娘の性質に
気付かされ
たり

そんな娘と二人三脚の妊娠生活
驚いたのはたった3年の間に禁止事項が変わってる！
酒。
上の子の時はビールコップ一杯くらいはOKと言われていた。
今は一滴もダメらしいですよ
ええっ
アレルギーも一人目は——
卵と牛乳食べちゃいけません
ええっ
卵かけごはん大好き
この本が出るころにはまた新説が出ているにちがいない。
二人目の時には
どうやら甘い物がダメみたいよー
ええっ
何かもうファッション並の流行りすたり
気をつけたつもりの二人目の方が
アレルギー値高いし。
気にしない親はいないんだから誰か早く正解出してくださいよ
永遠のあと出しジャンケンのようだ……

ところで実家に
二人目できたよー
予定日は12月の…
一人目は実家で産んだ。
帰ってこないでね
なんだとー
というのも私の実家は酒を造っていて
出産予定日12月下旬は
年に一度の大忙し!!
お歳暮シーズン&仕込みの真っ只中
妹が女杜氏《とうじ》で2歳と1歳のやんちゃ盛りの娘が2人…
男衆は力仕事
旦那のおかあさん
……というわけなんですよ
……
……
……
私に…できることあれば…
よろしくお願いします

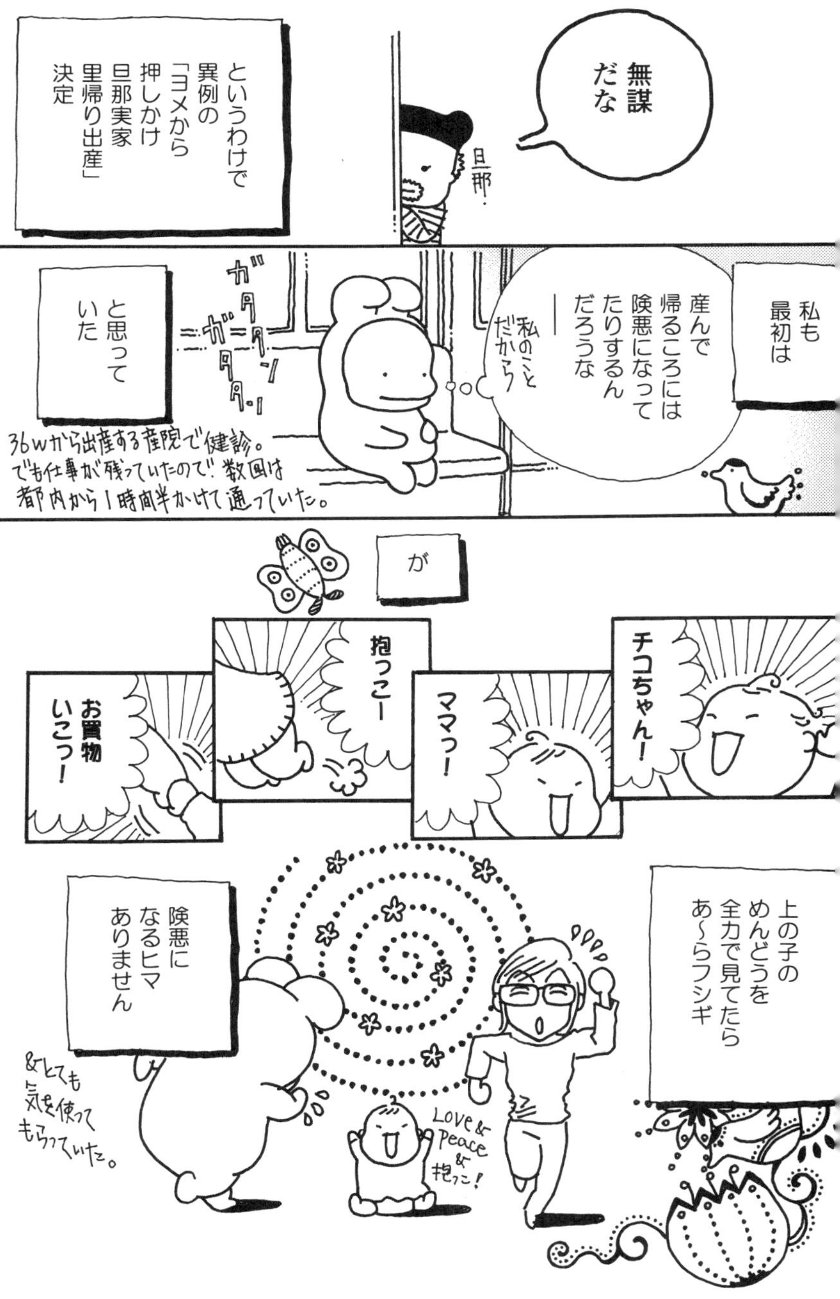
無謀だな
旦那・
というわけで異例の「ヨメから押しかけ旦那実家里帰り出産」決定
私も最初は
産んで帰るころには険悪になってたりするんだろうな
― 私のことだから
ガタタン
ガタタン
と思っていた
36wから出産する産院で健診。でも仕事が残っていたので!数回は都内から1時間半かけて通っていた。
が
チコちゃん!
ママっ!
抱っこー
お買物いこっ!
上の子のめんどうを全力で見てたらあ～らフシギ
Love & Peace & 抱っこ!
険悪になるヒマありません
&とても気を使ってもらっていた。

期間限定ってことで妙なハイテンション
主婦歴30年のワザを見よ〜!
しゃたたたた
おかあさま それはわたくしが そこ できないけど。
体動かせ動かせ
散歩もするよ!
イチニ イチニ!
大そうじするよ!
ストレッチ〜
しかし……
予定日が過ぎ
世の中は冬休みに入りクリスマスが過ぎ大晦日になり正月を迎えても
生まれない
微弱陣痛はずーっとあった。
ス、ストレッチ…
実は転院前の病院で初期に
うーん
もしかしたら予定日もう4〜5日遅いかもねー
でもまあ変更ナシでいいんじゃない?
あはは
と言われていた
いいかげんだ…

この予定日っていうのも何とかならないでしょうかね
食べすぎ…
1週間近くちがうとね
それを目安に手術する人もいるんだしね
ヤケ食い。
もっとアバウトに「○月第○週」とか
最後の方は2〜3日おきの健診で
胎盤の調子もよさそうだしまだ待てますよー
どうしますー？
エコー
○日ごろ入院してみる？
そこから様子見て
なにっ!? もうこんなに過ぎていたらすぐ出した方がいいよ！
すぐ
すぐ
診てくれた先生によって出産のタイミングに対する考え方がちがっていて（同じ産院でも）
一人目も10日遅れたからなあ
まだここにいたいのー？
ちょっと面白かった
一人目だったら不安になってたかな？
2週間ひっぱってさすがに入院
初日の夜は様子見…つまり
3年ぶりの
一人寝
ベッドはイメージです
そのころ旦那ママさまは…
抱っこ♡

そして 次の日
相変らず 微弱陣痛 あるところに 促進剤GO
痛く なって きた……
旦那 所在なく
ウロ ウロ
ウロ ウロ
ウロ ウロ
……
娘は あとから
モニタ
……
この 調子だと まだかかる かも
えっ! じゃあ 昼ごはん 食べて くるね
そのあと 「すぐ派」の 先生 登場
よしっ
破水 させるぞ
すぐ すぐ!!
あの すみません 電話かして ください
旦那に……
もしもし 今 分娩台の 上で 破水して
ええっ! じゃあ すぐ行く ね
立ちあい じゃない けど
うーん でもあと 1時間は 生まれない かなー
このへんは 二人目の 余裕?
どう です かー?
うーん まだ下に 降りてきて ない感じ ですー
痛い けどー
はー はー……
もう少し かなー
痛い以外は ヒマです ー……
あ 足 ここに置いて いいですか?
いい ですよ ――

この日は出産ラッシュで
……
……はいっ いきんで♪
となりでも分娩
オギャー
何と！
一《ひと》声《こえ》も発さず産んでる！
一人目を産んだ時大さわぎした私
ぎゃー
いたーい
出るー
先生痛いですー
よーし私も声を出さないぞ！
外で待ってる旦那は
まだ声がきこえない
ママはー？
うんまだまだかかるよきっと。
そう？じゃ買い物してくわー
しかし不思議なことに隣の赤ちゃんの声きいたとたん
ズドーン
うおぅ！
きましたきました
一気に降りてきた気配が！
はいっ！はじめましょう！

一人目はここから数時間かかったので
さあここから……
ハァ
ハァ
ハイッいきんでいいですよ
え?
もう?
「道がついてる」とはよく言ったもので
一人目とのいちばんの違いがこれ!降りてきたらすぐ!
だから2人目は早目に病院に行くんだね
ところが
二人目なので会陰切開ナシでいきましょう!
え…
←助産師さん
そのせいかなかなか出てこない!
はいっ!いきんで
ふーーん
もう一度!
ふーーん
もう一度!
ふーーん

一人目の時は会陰切開ですんなり産めた記憶があるので
もう一度
もう一度
も もう ダメ
先生！切ってください！
後ろでスタンバってる
何言ってんの大丈夫よ！さあ このままいきましょう
何言ってんのは君だ
ふーーん
先生！切って
大丈夫もう一度
ふーーん
切って
さあもう一度
ふーーん
切ってくださーい！
切って——！
先生がしぶしぶハサミをとり出したそのとき
オギャ〜〜

3330グラム男子出産
助産師さんの手で頭がいびつ…なおったけど。
出した声は「切って」のみ(笑)
結局裂けたし……
手?‥手で裂けたの?
も〜最初から切ってよ…
チクチクチク
長いいきみの最中に腰がイッてしまい「もー産みたくない」と思ってしまった。今回の出産で唯一のフマン…。
でも.
疲れもふっとぶ初対面
はじめましてー
クンクーン
←においをかぐ
よろしくねー
二人目は
えっもう産まれたの!?
赤ちゃ〜ん
BARGAIN
→買い物中…というくらいスピード出産でした
だってぜんぜん声が聞こえなかったから
ひとり目は病院中にひびきわたるような…
ちなみに私の実妹もこの一カ月後に出産
緊急帝切で術後熱が下がらず一カ月入院
大事にいたらず無事退院できました
ホッ
いろいろあるものです……

さて
余韻にひたる
間もなく
２人育児
あれやって
これやって
夜泣き二重奏
お風呂は
どーやって
入れよう
仕事も
しないと
ひとり
テンパって
いた夜
抱っこー
ちょっと
待って
おっぱ!!
あそば
ないでね
起きない
でね
……
こ
困ったぁ
そーか
自分ひとりが
大変な気が
してた
でも生後3年
足らずで
自分をとり巻く
環境が変わる
方がきっと大変
ものすごく大変

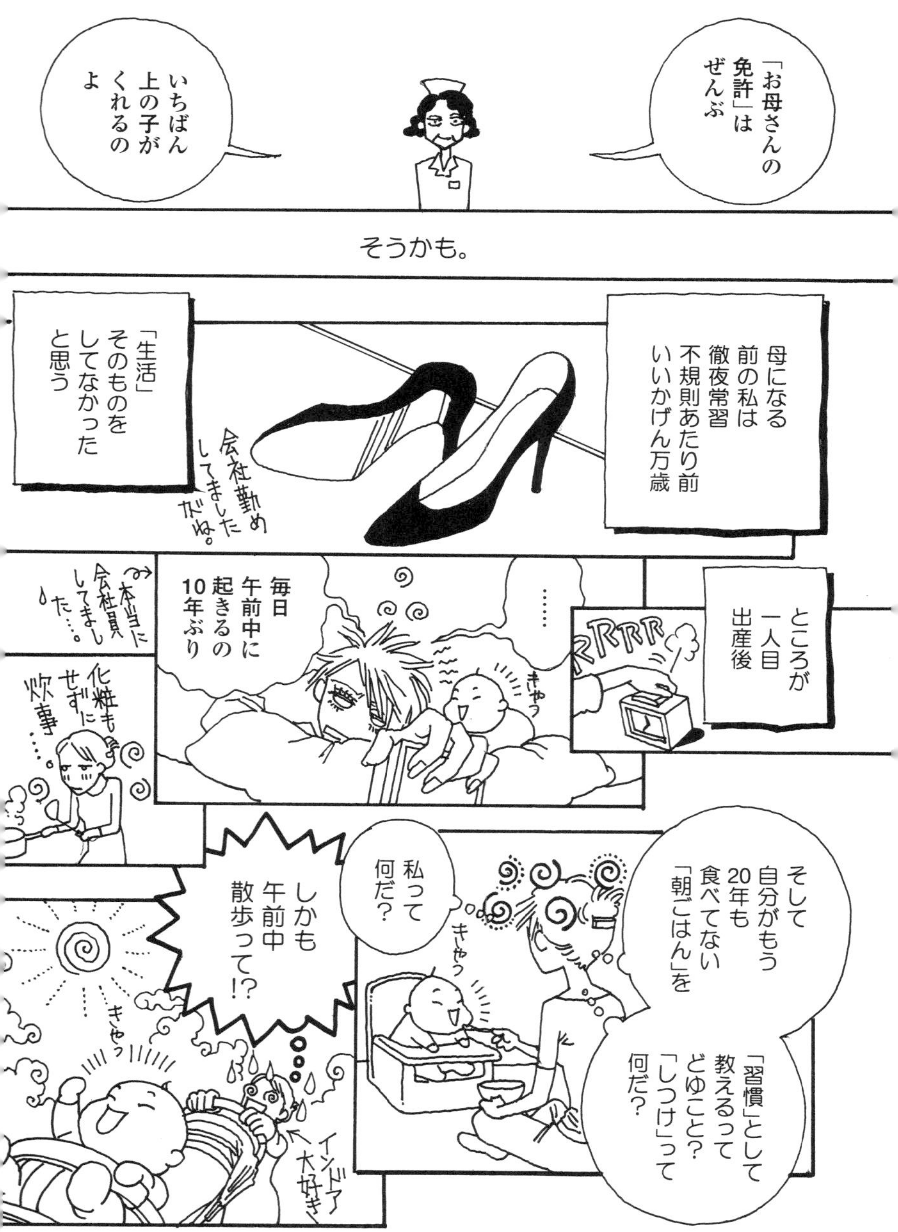
「お母さんの免許」はぜんぶ
いちばん上の子がくれるのよ
そうかも。
母になる前の私は徹夜常習不規則あたり前いいかげん万歳
会社勤めしてましたがね。
「生活」そのものをしてなかったと思う
ところが一人目出産後
RRRR
……
毎日午前中に起きるの10年ぶり
きゃっ
本当に会社員してました…。
化粧もせずに炊事……。
そして自分がもう20年も食べてない「朝ごはん」を
「習慣」として教えるってどゆこと?「しつけ」って何だ?
私って何だ?
きゃっ
しかも午前中散歩って!?
きゃっ
インドア大好き

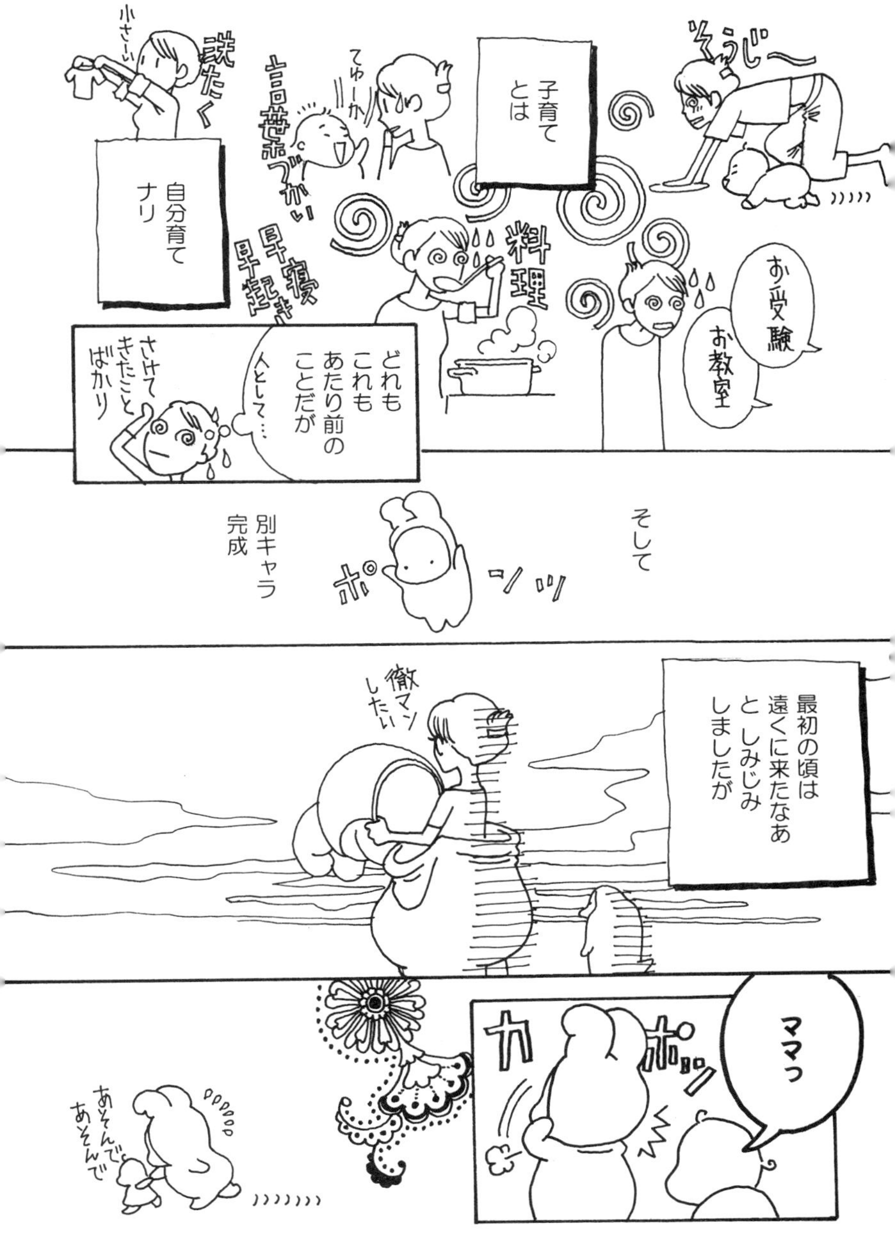

そうじ〜
子育てとは
料理
お受験
お教室
てゅーか
言葉づかい
洗たく
小さーい
自分育てナリ
早寝早起き
どれもこれもあたり前のことだが
人として…
さけてきたことばかり
そして
ポコッ
別キャラ完成
最初の頃は遠くに来たなあとしみじみしましたが
徹マンしたい
ママっ
カポッ
あそんであそんで

これもまた日常…
おっぱ!!
ちう～
人形
はい
おっぱい
トントン
トントン
げっぷ
はい
ねんねー
お……
おもしろいなあ
すごいなあ
本読んで—
あー!!
うー!!
フラ
一人寝はまたとうぶんできないけど。
こうして一人目に育てられたママキャラは
二人目でやっと定着しつつあるのでした
動けない。
END

助産師さんからひとこと

アレルギーはアレルゲンも各自異なるし、医師ですら言うことが異なっていたりして、なかなか「これが正解」というのはないのが難しいところですね。おかざき先生も苦労されたことと思います。旦那さんのご実家への里帰り、お互い気遣いあって、意外と実の母娘よりいいかもしれませんね。二人目の分娩の所要時間は、平均で一人目の約半分のことが多いようです。会陰切開に関しては、うーん、助産師さんとおかざき先生のどちらの気持ちもわかるなあ。ママキャラ（前回の『新ご出産！』のカバーにもさりげなくいますよね！）が最後に着ぐるみだとわかったときはジーンとしました。お母さんたち、みんな頑張っていますよね。　助産師(よ)

2人目妊娠発覚後
病院での妊娠健診で
脳に「嚢胞《のうほう》」があります
は?
いきなり胎児の危機
※「嚢胞《のうほう》」…水ぶくれみたいなもの
私の場合は脈絡叢嚢胞(choroid plexus cyst)といって
1センチ以上の大きさがありました
佐々江典子
noriko sasae
助産院でいいかしら?
※おやこイメージ画
ちょっと大きいので心配です
超音波検査を受けてください
えー
え…
30《ミソジ》だから!?
いいえー
2人目は助産院で産みたいと思っていた私には
大きな障害
助産院で産みてえんじゃけど…
まずは超音波検査です。

たかが「のう胞」ともいえず
トミトリー
のう胞を調べ中
染色体異状
のう胞の経過を見守るため
OKAYAMA CENTRAL HOSPITAL 3.5C80+
のう胞
助産院への転院はひとまずおあずけ
のう胞初期 1cm強
脳内にあるのう胞が小さくなる事をいのる毎日
生活改善中
ぎゃっそれおかーさんのもずく
もずくすき
三杯ズ
黒ズ
土佐ズ
おかげでベンピしませんでした。
のう胞中期 7mm
ずるずるずるずるずっ
※ イメージ画
子供が健康で元気なのはありがたいことだ
すごくあたり前の事を考えた
もうほとんど見えなくなってますね
のう胞後期
ひとまず安心です
YAMA CENTRAL HOS
ばんざーい
そく転院

そうして きました 光岡《みつおか》助産院
光岡助産院
ごくごく 近くて 友人のススメも あったので
下見もなく まよわず 決定
高齢出産
ごはんが おいしいのよ〜
超安産
ガラガラ
はじめまして
はい こんにちは
光岡先生は 35年以上 1人で 助産院をきりもり されている
スーパー 助産師さん です
もちろん
国立病院などに 母乳指導に 行かれたりもしてる
はい おじょうちゃん には これなんか いいかな
かた かた かた
検尿
先生が 目の前で 調べてくれる のね
体重
ぎゃー
服の分 ひいてくださいっ
いいわよ
スバラシイ
血圧
ちょっと機械の 調子が悪くて 高目にでちゃう のよね
じゃ だいたいで
あはは
触診
ああ ここに 頭があるわね
ほらココ かたいでしょ
へ〜

いいこねー
このままで
いなさいよー
ポン
ポン
※ イメージ画
世間話
どうして
うちに来てくれたの？
友人の
ススメです〜
といった
フルコースで
じゃ
健診料
3千円
もらっとくわ
げっっ
激安っっ!!
なのです
…あのう
実は「この子」
脳の中に
のう胞がある
んです
でもちゃんと
小さくなっていて
病院でも（たぶん）
大丈夫だろうって
いわれたんです
…けど
え――と
いうだけ
いいたかった
次の
健診だけど
1ヶ月後に
来てくれる？
そのあたりに
出産予定の人が
いるから
朝電話してね
※ イメージ画
…はい

ねえ
おかーしゃん
駐車場
ここ
おかーさんの
びょういん？
……
そう
おかーさんの
病院
助産院
だけど
※ イメージ画
早い（待ち時間なし）
安い（安すぎ）
うまい（技術）
「これだ」と
思いました
この子を
助産院で
産むんだ
朝になったら
いくべ
スグきて
くださいっ
前期破水しても入院をしぶる
病院では感じられなかった
前向きな覚悟でした
それから
光岡先生に
内診を
受けたのは
1度きり
うーん
子宮口が
やわらかいわね
器具なし
陣痛が
きたら
生まれるの
早いわよー
※血液検査
クラミジア検査などは病院で受けます

そうして
何かへんだなと思ったのは予定日すぎての3日目の朝
うーん
じゃ 仕事に行ってくるヨ
…まって おとーちゃん
…あー いやたぶん大丈夫だと思う
※ イメージ画
ぶうぅぅ
うん
いってらっさい
いっちゃった。バイク通勤
……
ズン
また なんちゃって(前駆)かな
2度の前駆陣痛で半信半疑
ズン ズン——ズン
ズンズン
長女ー 長女(仮名)
おきて 風呂でも入ろー
いや これは
ズン
カポーン
ゔーん
朝風呂
トイレ
うーーん
本陣痛
ズンドコ
ででででんわ——
ズンドコ
なんとなくろれつがまわらない

でねぇ—— せぇんしぇぇー
あわあわ
いきなり5分おきの陣痛
だからあんたは早いっていったでしょ
先生に連絡がとれないまま親に車ではこばれる
赤に殺意
赤!!!
信号が赤っっ!!
すでに陣痛間隔2分
車中電話がつながる
せんせいいまむかってま…す
虫の息
他の用事で話中だった
光岡助産院
光岡助産院
こんにちは～
先生トイレいきたい
大きいほう?
小さいほう?
大きいのっ
トイレはだめよっ分娩室入ってぇ!
ドタ ドタ ドタ ドタ ドタ ドタ
これきて
だめよっブラもはずして
はいい
ばばば
準備完了。
←これは先生が着させてくれる

病院では「※LDR」を売りにしていたけどここではなからそうなんだ
あ ここでこのまま産むんだ…
足をのっける
うっ
先生いきみたいでっす!
もう2回ぐらいのがしたほうがいいかしらちょっと頭がひっかかってる
※陣痛室と分娩室がいっしょ
ジャー
陣痛の合間先生1人で分娩準備をしている音を感じながら
すげぇな…
うっ
のがせなくてついいきむ
すみませんっ
じゃあ次いきんでみようか
がしっ
ほらここ
さわって頭だよ
ぬるっ
卵膜をかぶってる

おっ…
おお…
う
発ろってやつか
排りん?
ううん
ちょっと
さける感覚
おめでとう
おめで
と――う
えんぎぃ
えんぎぃ
すでに
おっぱいを
さがしてける
カンガルー
だっこ
体験
※ イメージ画
はっっ
じ――……

おかーさん おしり けがしたの？
みたな 下のアングルから まさしく真正面から
生まれた!?
仕事場からとんぼがえりの夫
ごめーん
ぶが ふが
まてんかったー
この子 へその緒が首に 2周してたのよ
ええ――！
どーりで チアノーゼチックな 肌色
大丈夫 なんですか それ…？
2周ぐらい だったら私でも なんとか なるのよ
3周してたら 病院へ運ぶのよ
なにをどうやって してくれたのか わからないが さすが先生!!
もちろん 後産も すべて先生も処置も 1人で こなして しまうんですから
へそのお かてえっ
胎盤 エグっっ
3ヶ所 ちょっと 切れちゃったから 止めとくわね
クリップ みたいな もの
いたく ない
体重を測る前に うんこを してくれた 娘
せん せ〜ん
ほや〜
うんこを たして だいたい 200g とこか

結局 院にかけこんでから所要時間30分の超安産でした
わたしこんなお産だーい好きよ
心配するヒマがないもの
赤ちゃんも元気でのう胞の影響はなさそうです
ぼっちゃんみたいな
じょうちゃん
もちろんかーちゃんも元気
数時間後には会陰のクリップをとってもらって
ここで休んでね
まったくふつうに歩けます
すた すた
おちつく〜
出産してからかた時も赤ちゃんから離れる事もなく
とり違えなんてドラマの様なことはおこりようもありません
羊水を吐かせないので
自力で吐きます

おもいでノート
名前のつけ方
おもいでノート
でもやはり
おれのむすこでっかいチンコ!!だわーい
おもしろい
今回でこの助産院にお世話になるのは6回目
出産ってドラマチック
救急車の中で出産しちゃった
救急車の隊員の人
先生、ごめんなさい
もちろん助産院で産む人すべてが安産とはかぎらない
姉が安産だったので私もそうだと思っていたら大まちがいで、いたくてでなくて
そうかそうか
おもいでノート
でもやっぱり安産率は高いと思います
この子ものう胞の影響があったら…
でも次の子ができたらやっぱり助産院で産みたい
来年きれいなチューリップが咲くよ
胎盤を庭先にうめた
すべてがアクティブバースの
助産院で
おまけ
胎盤のお味は魚のパックにしいてあるスポンジのお味
コレ。

END 【取材協力】光岡助産院（岡山県岡山市）

助産師さんからひとこと

のう胞、ご心配されたようですが小さくなり、無事ご希望の助産院で出産することができて本当によかったです。この助産師さんは頼もしいですね。健診料も確かに安い！　陣痛がきたときに必要なことは「クウ・ネル・ダス」。クウは「食べて体力をつける」、ネルは「寝られる間は寝て体を休めておく」、ダスは「トイレに行って膀胱や腸を空にして赤ちゃんが産道を通りやすくする」。佐々江先生のようにお風呂に入るのもお産が早まるのでお勧めです。上のお子さんの立ち会いは、助産院だと歓迎のことが多いです。こどもは動き回って自分が見たい場所で見るので、一番ベストショットで見てたりします。生きた性教育として私はとてもいいことだと思いますよ。

助産師(よ)

としごでポン!
午後7時 カナダ・バンクーバーの 病院のまわりに
まくら族 出現!
chihiro kame
亀屋ちひろ
カナダ人夫と 結婚して4年 軽〜い気持ちで 妊娠
妊娠 出産のお勉強!
行き着く 場所はココ
Prenatel class (出産前のクラス) 17:00−8:0
男は出産 できないんだから ってワイフの横で 突っ立っては ダメよ
陣痛時は妻《ワイフ》へ マッサージ 精神面で サポート
ベビーが 生まれたら おむつ おふろ 洗たく やる事いっぱいよ
要するに おっぱい以外全部ね
カナダでは 両親学級が基本 立ち会い出産は 当然の事なのだ
3児の母で 現役ナース
もはや **洗脳**と言っても 過言ではない
クラスでは 院内見学もする
ここが お部屋です
ガラッ

まくらは マッサージや体操の時に使いました
どうやらこの病院は まくら不足らしい。

※L（Labor）＝陣痛　D（Delivery）＝分娩
R（Recovery）＝回復

そうして私は結構まじめに妊婦してました
ウォーキング
食事
体操
が
36週目
あれ逆子だね
え!?
え!? 数日後に外回転術してみますが
それでダメなら日を定めて帝王切開しますがいいですか?
ガーン
うそ…
うわーん LDR《私中心》体験がぁー
赤子よひっくり返れ~~
とりあえず逆子体操などしてみる今更って感じ
そして外回転術の日
ちょっと痛くなるかもしれません 術後はしばらく横になっててもらいますよ
ドキ
ドキ
はい…
2人共気合い入れてる
まずはウルトラサウンドで…
あれ?

ひとりでひっくり返ったみたいだね
え
なんて人騒がせな子や！
今までの気合いは一体…
力抜けた
最近すごく大きな胎動ありませんでした？
う〜〜ん
全然気付いてない人
とにかく帝王切開はまぬがれて万歳
LDR《私中心》で出産OKだ
君もう帰っていいよ
両親学校では出産のドキュメンタリーのビデオも見ました
F**k! That hunts!
Oh Honey
このダンナ、シャワーの中でもマッサージとかしたのにギャグを言っては妻にどなられていた
PUSH PUSH
good girl!
WAAA WAA
……
おおおおおっ
ダンナあんたもよくやった！
感動しやすくなってる人

私の陣痛和らげグッズ
ペットの写真
ダンナの水着
(おふろでマッサージしてもらう時用)
マッサージオイル
入院グッズ
CHIPS
クラッカー
GRANOLA BAR
まんが
本
ハードコア系CD
お笑い系バンドもの
そんなに持って行けないよ…
記念すべき初めての出産
早く産みたいよーな
このままいたいよーな
楽しみのよーな
恐いよーな
なるようにしかならんケドね
予定日の夕方
?
6：00PM
これって陣痛?
一応おしるしは4日前にあったけど…
つかウンコ出るっぽい?
10：00PM
あっまたこの痛み
寝た方がいいのかなぁ…
陣痛って別にたいした痛みちゃうやん
1：00AM
夜中はしょーもない番組しかやってない
うっ
3：00AM

ブルドーザー《ぶるどーざー》とか
ホイールローダー《ほいーるろーだー》で
お腹《なか》をエグ《えぐ》られてる〜〜
はたらく じどうしゃ
すぐに病院に来いってさ
待ちに待ったL…D…R…
近所に住む世話焼き義母が義父を叩き起こして出動!
ブオー
なぜか家族総出
私につかまって
自分で歩けます…

どこからか車イスを持ってくる義母
さぁ コレに乗って！
だから自分で歩けますって…
だだだだ
あら… もう7センチ開いてるわよ
すぐ部屋へ移動しましょう
う〜〜きたきた〜〜
↑陣痛
ろん゛くお〜…
……
ある部屋から叫び声が…
部屋に入った頃には笑気ガスでラリってて
何が何だかわからん状態
ひいいい
もげる〜〜
では次の痛みが来たらいきんで！
つかもげて〜〜
ろんぬ〜
PU—SH！
PU—SH！
にゅるっ

いきんで15分
ほん
ぎゃっ
It's a BOY！
うわぁ
こんなん入ってたんか
ぴち
ぴち
視界の片隅で胎盤を引きずり出してるドクターが見えた
ちょっと裂けたから縫っときますね
はぁ…
もっと感動するかと思ったケド
スピード出産だったし
痛
動いたらもっと時間かかるわよ〜！
妙にシラけてた私
ビデオのドキュメントの方が感動したかも
おっぱいあげましょう
え？もう？
生まれてすぐなのに
んちゅ
……
とりあえず吸ってやがる
うにょ
うにょ

母性の目覚め
なんかすごい
この時はちょっと感動しました
てゆかあんたらずっといたの？
見てたの？
僕は君をサポートしてたよ
帽子とかナシ
普段着
オービューティフルベイビーグランマよ～
手は洗った……よね
母(父)子同室LDR式はやっぱり良かったです
すぐにシャワーもできたし
ベビーといつも一緒
ダンナをパシリに使える
スピード出産で陣痛グッズは役に立たなかったけど
でもこちらはすぐ退院させられてしまいます(タダだから)
回復も良好だし明日の朝退院する？
えっ
今産んだとこなんですケド
い…いやもう1日いてもいい？
スコーンがおいしいの……
OKわかったよー
その時はまさか
15ヶ月後に同じ痛い目にあうとは思ってませんでした

2人目妊娠
龍もうすぐ1歳
7ヶ月目
いや〜さすがにキツイかも
2人目の胎動はすごかった
ズコボコ
にゅる
突然すごく嫌〜な感触
それは歩くたびに
にゅるり
にゅるり
にゅるり
股の間でグニャグニャと成長してるよーな
まさか
生まれる!?
今生まれたら年の差11ヶ月!?
なんかアソコから出てるぞ
えーー
とにかく病院へ
龍をあずかってもらわなきゃ
義母に電話…
あー大変だ
風呂上がり…
ぬっ
わたしも行く!
えっ…でも

龍は私が見とくわ
両親と同居の義妹
さぁ急いで行くわよ
……
家族総出
パート2
ブオン
…
う〜〜ん
こりゃ膀胱だね
は？
横になるとブツが引っ込むため立って内診
……
普通40代の女性に多いんだけど
君の場合2人目をすぐ妊娠したから骨盤の筋肉が緩くなって膀胱を支えられなくなったみたいだね
はぁ
ケーゲル体操してね
あとフンばらないように
当時29才
外で待ってる夫 義父母に結果を報告するのがあまりにも嫌だった
なにはともあれ

いつでもどこでも思い出したら
ケーゲル体操
ふんぬっ
ふんぬっ
膣と肛門をギュッと締める感じ
おかげで無事膀胱は元に戻り
予定日1週間前に次男虎スピード出産（もちろん家族総出）
陣痛中
ちょっと―― 水持って来てって言ってるでしょー
ヒッヒッフー
寒いよ！
……
2人目の余裕？ 陣痛の横でどーでもいい事を息子に喋りまくる義母
年子ボーイズはすくすく成長し（龍3歳 虎2歳）
只今 家はすごい事になってます
ボコ
ぎゃー
バコ
ぐわー
本当に漫画のようなケンカをしてるよ…
感心してる場合じゃなくて

END

助産師さんからひとこと

カナダでのお産、不安もあったかと思いますが「私はLDRで絶対産める！」という自信がいいですね。お産は、自分の身体に自信を持ってポジティブに臨むことがとても大事なのです。逆子は自然に直ることも多いのですが、足を冷やさない、温かいものを飲む、などの予防策も大事ですね。流行りのマタニティ・スイミングはストレス発散にはいいのですが、逆子が多くなる場合もあるので気をつけてほしいです。亀屋先生が選んだ陣痛和らげグッズは、リラックスできるものばかりでとてもいいと思います。そして二人目をすぐ妊娠なさったとのことですが、膀胱脱は大変でした。登場する体操は産後の尿もれ予防などにもいいので、妊婦さんはぜひ妊娠中から積極的にやってほしいと思います。

助産師（よ）

神だのみ出産
～女だらけの家～
私の主人はネパール人です
今回1歳になった娘を連れて
里帰りしました
ネパ～ル
よいとこ～
いちどは
おいで～
ちょいな
ちょいな
pancho
パンチョ
うちには
兄夫婦・
弟夫婦が
同居しています
わい
わい
ガヤ
ガヤ
子供は
私の初めての子
はなびちゃん
1才 女の子♀
野生児
主人の前のおくさんの子達
人生
いろいろね
ガンガー
10才♀
アサ
8才♀
弟の子 7才
♀
オスニタ
兄の子 5才
♀
ビパナ
弟の子②0才
♀
バブー

並べてみました
お
ん
な
だ
ら
け
1
2
3
4
5
6
なんと女ばかりの6人姉妹!!
また女か…
マゴはみんなかわいいさ
おじいちゃん
1階の部屋でやると男ができる
2Fにすんでいる
弟
変な伝説までできている
なんでうちは女しか生まれんのだ?
キャ キャ
さあ
むらがる
ピチュ ピチュ
神さまのいじわる

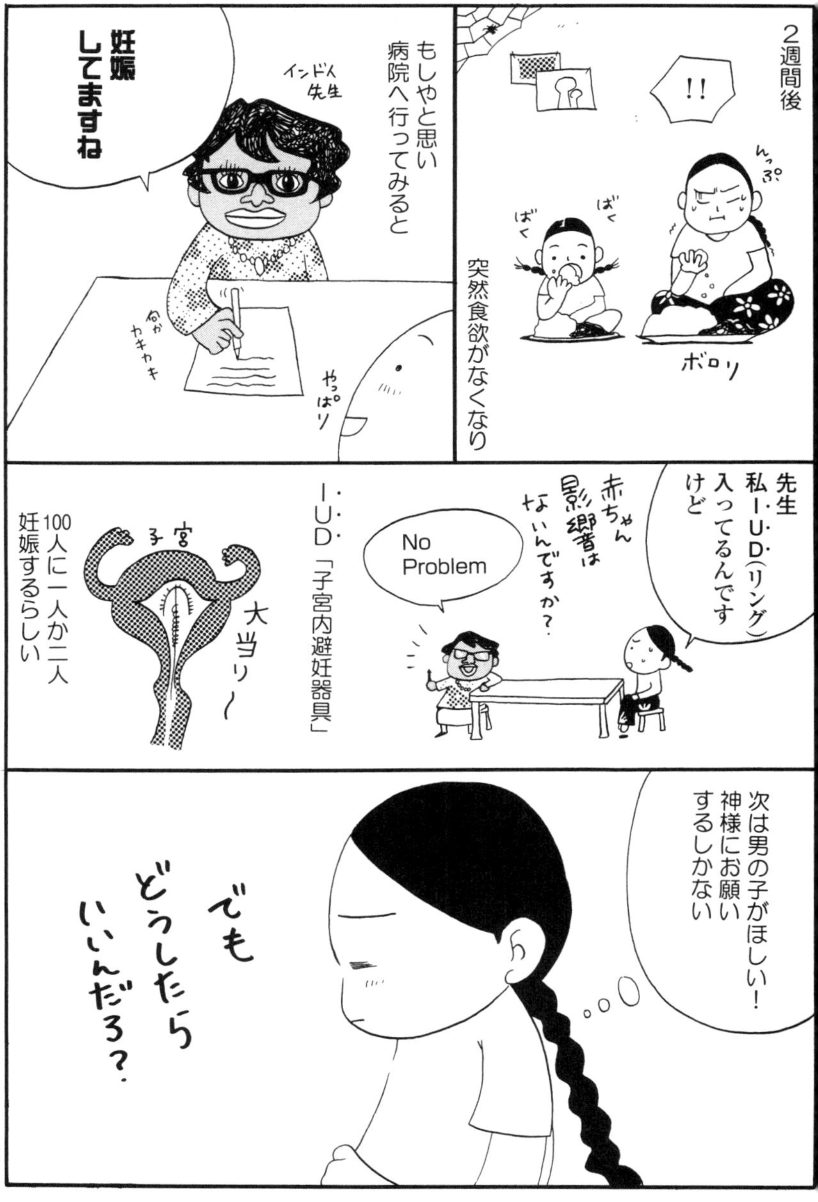
2週間後
!!
んっぷ
ばく
ばく
突然食欲がなくなり
ボロリ
もしやと思い病院へ行ってみると
インド人先生
妊娠してますね
何かカキカキ
やっぱり
先生 私I・U・D・(リング)入ってるんですけど
赤ちゃん影響はないんですか?
No Problem
I・U・D・「子宮内避妊器具」
子宮
大当り〜
100人に一人か二人妊娠するらしい
次は男の子がほしい! 神様にお願いするしかない
でもどうしたらいいんだろ?

さぁ 自己流《じこりゅう》
神だのみのスタート!!
ひらめいた! がんばるぞー
お
①まず
髪を切って川へ
ながした
願い
かなえ
たもう
男子
ほしい
バッサリ
生けにえの
つもり
自信バロメーター
10%
あくまで
自己流
です
②次に欲をたつ
もう
泣かないわ
泣きべそ!!
なんて
サヨナラね♥
パンチョー
パンチョ
20% 男
③神様の絵を描く
それも特大のやつ
ペタペタ
お願い
します
よー
やっぱ
シヴァ神っしょ
1ケ月半
毎日友人宅へ通い
願いをかけながら
描き続けたのです
★友人宅のカベ使用
ポカラ ダムサイドのフロリダです。
しあがり間近
すると…
よし
今日は
目を入れるぞ
うごき出しそう
だな
ペタ
ペタ
!?
もく
もく
もく

おまえはワシに命をふきこんでくれた
ワシはうれしいぞ
何なりと願いかなえようぞ
ふぉふぉふぉ
※パンチョオリジナルのシヴァ神（のつもり）
なにとぞお願いしますだ
神さま男の子供がほしいのですお願いします
よし男子をさずけようぞ
50%男

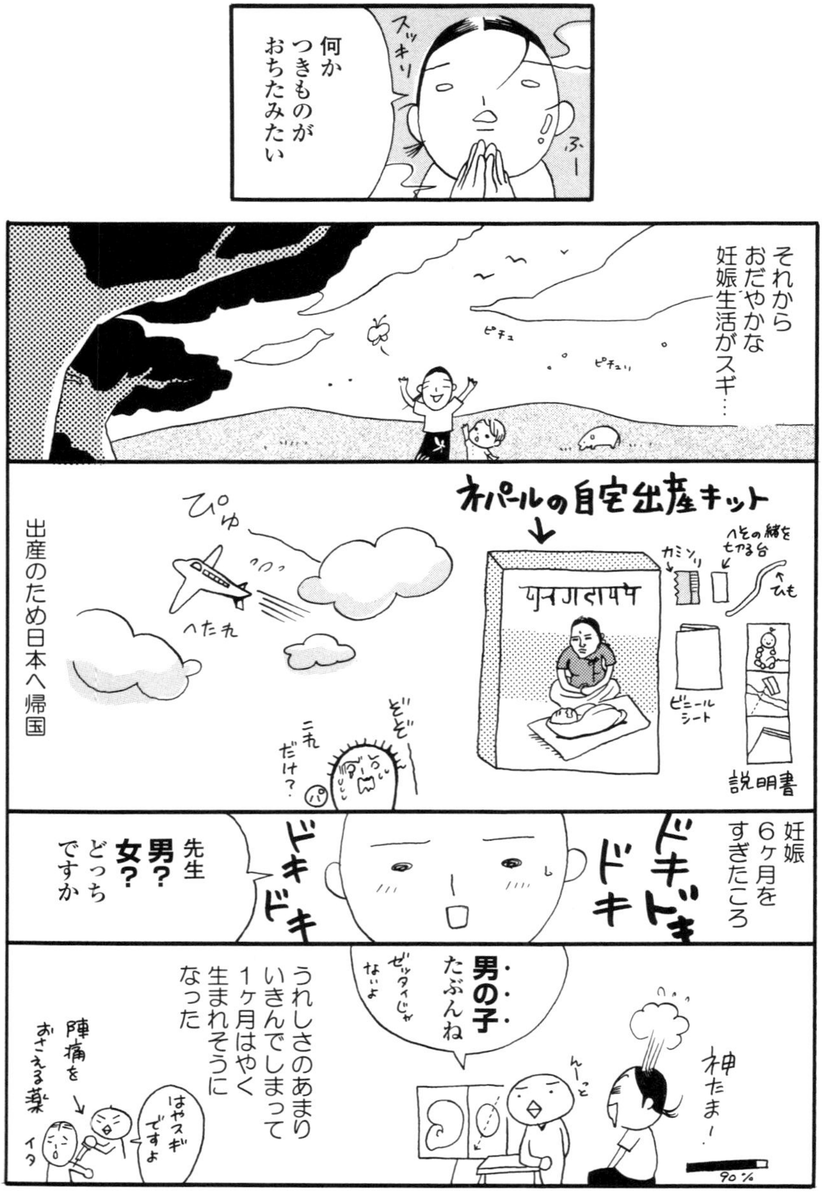
スッキリ
何か つきものが おちたみたい
ふー
それから おだやかな 妊娠生活がスギ…
ピチュ
ピチュリ
ネパールの自宅出産キット
へその緒を切る台
カミソリ
ひも
ビニールシート
説明書
出産のため日本へ帰国
ぴゅ
へたれ
どぞ
これだけ?
パ
妊娠6ヶ月をすぎたころ
ドキドキ
ドキドキ
先生 男? 女? どっちですか
男の子・・・たぶんね
ゼッタイじゃないよ
んーっと
神たま!
90%
うれしさのあまり いきんでしまって 1ヶ月はやく 生まれそうに なった
はやスギですよ
陣痛をおさえる薬
イタ

そして予定日10日前
元気な妊婦の私はその日
近所のお祭りにでかけたのです
バナナチョコ
どんちゃんどんどん
うごかにゃうまれんもんねー
赤ちゃんうまれんの？
どんちゃか
その夜
はー今日はたのしかった
ゴロリン
じん
じん
って陣痛きてる
もしもしうまれそうです
すぐきてください
いよいよですよ
準備OK
よし行こう
じーん
ドクン
ドクン
トクン
ニャーオン
ニャーオ
赤信号ムシでつっぱしる母に感謝
うまれる
もうすぐつくでえ！
びゅー

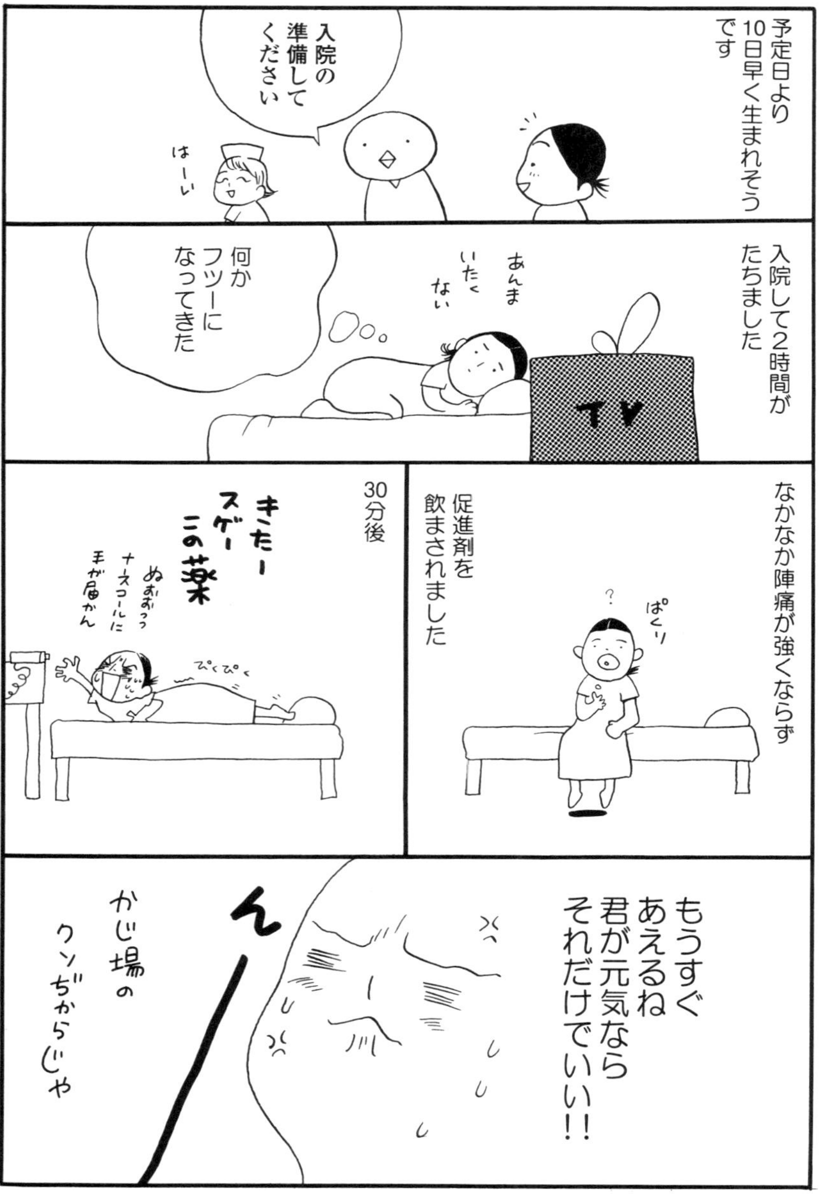
予定日より10日早く生まれそうです
入院の準備してください
はーい
入院して2時間がたちました
あんまいたくない
TV
何かフツーになってきた
なかなか陣痛が強くならず
促進剤を飲まされました
?
ぱくり
30分後
きたースゲーこの薬
ぬおおっっ
ナースコールに手が届かん
ぴくぴく
もうすぐあえるね君が元気ならそれだけでいい!!
ん
かじ場のクソぢからじゃ

羊膜に包まれ卵のように出てきました
プリン♡
リングがはりついていた
針でプスっとな
ピュー
はーい元気な**男の子**ですよ――
オギァ
フギャ
やったあ
やっだ男
やったよ男
やっぴー男
やっぴっぴー
男ー
体重 2,462グラム
身長 48.5センチ
予定よりも10日はやい出産でした。
はじめにみた
おめでとうございます
でかしたぞ――
おじいちゃん
ありがとう
神だのみ出産 大成功!!

END

神だのみ出産
~part2~
また妊娠しています
テレ
テレ
pancho
パンチョ
次も男がほしい
早速神さまお願いします
今回はスケッチブックに描いています
ねがいかなえたもうオームナマシヴァヤー
①髪を切る
②欲をたつ
③願いをかけながら神様の絵を描く
で2時間で仕上がり
おまえはだーれ？
願いはなーに？
男の子がほしいです
お願いします
ぼよーん
願いたしかにきいたぞ
カラス

男かな
女かな…
ふー
気がつけば
けっこう大きく
なっていたんだね
はなびちゃん
4才
おーい
君は
男ですか?
うごいた!
ボコ
!
スワミくん 2才
ちなみに
「女の子ですか?」
っとも聞いてみた
動かなかった
9ケ月目の
定期健診の日
先生
女の子
でしょう
たぶんね
まっしろ
うそーーん
0% 女!!?

こうなりゃ
うんでみるっきゃないね
……
かくごをきめたよ
信じてるよ
ベイベー
50% 母のカンだよ
予定日
あいかわらず
元気な妊婦の
私は買いものに
太リスギだ
おてつだい
したら
10円あげる
あっちー
ごはんを食べ
きてます
きてます
じんじん
PM:9:00
この日は
やきそばが
たべたくて
作った。
主人には
カレー
ごはんを作り
PM:8:00
チクタク
体力つけなきゃ
きてる
じゅー
じゅー
じーん
ただ
いまー
来た
来た
PM:10:00
予定
どうり
バブー
おかえりー
うまれそうなの
もしもし
生まれそう
です
病院にTel
ふ
もうすぐ
あえるね
がんばろうね

真実が今
あきらかに
なろうとしている
さすが 3人目
おちついてるね
スーハー
スーハー
なんて心が
静かなんだろう
0%
90%
ぬ
ぬぅぅっ
おおっっ
来い
男の子
ですよー
ハズレた
ぶるるるん
オギュ
オギュ
オギャーン
ぴく
ぴく
ちょろーん
体重 2,676グラム
身長 48.0センチ
やったあ。。
やったー。。
やったー
ニカ
神様は。
本当に
いるよ!!
5月7日
BABY
5月6日
BABY
うちの子一番白いね
フシギだね
かわいいね

END

～おまけ～
たった5年のうちに
3児の母になってしまいました
出産とは感動的なものです
pancho
パンチョ
次は
家で生みたい
あなたにとりあげて
ほしいわ～
キョーミしんしん
あのカンドーを
もういちど
ネパールの
自宅出産キット
!
まだ
うむの?
髪切りました
なーんてね
ヘタレ虫
どどー
やっぱ
ヘタレにゃ
ムリだよ
ってきいてるって.
きかザル
石化
神のみぞ知る

END

明るい家族企画を!

助産師さんからひとこと

二人目、三人目ということで、とても大らかで余裕のある出産を迎えられていますね。ＩＵＤは妊娠することもあるので、確実に避妊したい場合はコンドームを併用するのがお勧めです。性別は生み分けをしてもなかなか望んだ通りにはならないことも多いので、パンチョ先生は叶ってよかったですね。超音波は、男の子だと事前に当たる確率が高いのですが、女の子は男の子がおちんちんを股に隠していたりするので断言は難しいですね。一喜一憂しない程度に考えておいたほうがいいかもしれません。ネパールのお産キット、ぎょっとする感じはありますが、お産の自然な形を考えさせられて魅力的にもうつりました。もし次のお産があったら、パンチョ先生の望むスタイルで挑戦していただきたいですね。

助産師(よ)

おかざき真里
mari okazaki

'94年『ぶ～け』(集英社)からデビュー。広告代理店に勤務するかたわら、漫画家、イラストレーターとして活躍。'01年、麻雀・カラオケ仲間の同僚と結婚。'02年長女、'05年長男誕生。長女の名前は「空海上人の幼名から」、長男の名前は「大好きなミュージシャンから」いただいたとのこと。現在は「成長に従い変わる生活ペースに、仕事をする余裕が見つからず右往左往の日々が続いている…」のだそう。代表作に『サプリ 1～3』(祥伝社)がある。
http://www.cafemari.com/

佐々江典子
noriko sasae

8月14日生まれ。晴れの国・岡山県出身。'97年『別冊少女コミック』(小学館)からデビュー。夫は毎年のように転勤になるサラリーマン。それに付き合って「家族は毎年のように住所が変わる」のだそう。今のブームは引越した先でのスーパー探索。「子育てが一段落したら、執筆活動を本格的に再開したい」とのこと。代表作に『君の中の小さな太陽』『夜、桜咲ク。』(共に小学館)がある。

亀屋ちひろ
chihiro kameya

'73年8月8日生まれ。京都府出身。'96年『別冊少女コミック』からデビュー。夫のロバートさんとは職場結婚。現在はカナダのバンクーバー郊外在住。4歳と3歳の年子ボーイズは長男・秀龍《ひでたつ》くん、次男・虎太郎《こたろう》くんと、まさしく「タイガー&ドラゴン」な兄弟。「息子達が幼稚園(プリスクール)へ行くようになったので、漫画業復活したい」とのこと。
http://www3.telus.net/kameyac/index.htm

パンチョ
pancho

'76年8月7日生まれ。東京都出身。本作がデビュー作。ネパール人の夫は「人懐っこくて太陽のように明るい人」。長女・華巳《はなび》ちゃん(4歳)、長男・スワミくん(2歳)、次男・アルンくん(0歳)の子育てはズバリ「野放し！」。マイブームは早起き、目標は「ポカラに家を建てること」だそう。現在『まったり聖地ポカラ』を執筆中。http://www.geocities.jp/syantiama/

助産師ⓨ

'前3冊(『ご出産！』『続ご出産！』『新ご出産！』)での的確で温かいコメントが好評につき、今回もご登場願った助産師。相変わらず憧れの親方のもと、東村山市の助産院「ビー・エル・ビーホーム」で修行中。親方命令で助産師学生の実習指導教員も始め、今年ですでに3年目。数人のお弟子さん(?)たちが全国で活躍中。早くも「この道17年！」となったベテラン助産師である。

著者紹介

宇仁田ゆみ
Yumi Unita

'72年5月10日生まれ。三重県在住。'98年『ヤングアニマル』（白泉社）からデビュー。長女・あみちゃんは現在6歳になり「イナカですくすく育っている」とのこと。代表作に『マニマニ』（祥伝社）、『楽楽』（白泉社）などがある。'06年現在、『フィールヤング』（祥伝社）にて30代独身男性の子育てを描いた「うさぎドロップ」を連載中。好きな男性のタイプはトータス松本。
http://homepage2.nifty.com/unita/

大倉かおり
Kaori Okura

東京都出身。'87年『別冊ASUKA』（角川書店）からデビュー。音楽を通して知り合った夫は10歳年下の理系研究職。娘とお風呂に入ると、必ず「ベルヌーイの法則！」と言いながら手で水鉄砲をするそう。現在1歳の長女は女の人が大好きでイタズラ盛り。「最近テレビの音量で100と言うのを初めて聞きました。これからも想定外の事が盛り沢山で楽しみ」とのこと。代表作は『ユカとまーくん』（全2巻）（宝島社）。現在、秋田書店やぶんか社等で執筆中。

かわかみじゅんこ
Junko Kawakami

2月16日生まれ。『ヤングロゼ』（角川書店）からデビュー。『エルティーンcomic』（近代映画社）、『キューティ・コミック』（宝島社）などで活躍後、'04年1月、パリに移住。旅先で知り合ったフランス人のフィリップさんと結婚、'05年1月、長女・舞亜《まや》ちゃん誕生。代表作に『キキララ火山』（飛鳥新社）、パリ暮らしを描いた『パリパリ伝説』（祥伝社）がある。趣味は旅行。

一重夕子
Yuko Ichiju

5月20日生まれ。'94年『別冊少女コミック』（小学館）からデビュー。知人の紹介で知り合った夫は優しくておっとりした整体師。もうすぐ1歳の長男は「パパの遺伝子90%」なのだそう。現在は「ベビー服の衝動買いが止まらなくて泣き笑い。将来は一緒にアウトドアで冒険できるような親子になりたいなぁ」とのこと。少女漫画を中心に、多数の出版社で執筆中。
http://little-bee.boo.jp/

ひなたみわ
Miwa Hinata

4月3日生まれ、東京都出身。'97年『別冊少女コミック』（小学館）からデビュー。会社員の夫はちょっぴりオタクで、家事、育児、アシスタントなど何でもこなし「とっても便利」なのだそう。3歳の長女はお友だちにバレエを教わるのがマイブーム、1歳の次女は「どうも自分のこと3歳くらいだと思っている」模様。母のマイブームは「子供のにおいかぎ」。現在、『サクラミステリー』（あおば出版）、『ミステリーボニータ』（秋田書店）などで執筆中。
http://www.twinbox.biz

耕野裕子
Yuko Kono

10月26日生まれ。広島県出身。高校生のときに『ぶ〜け』からデビュー。現在長女は小3、長男は1歳。「毎日目が回るほど忙しいですが、『健康』と『ユーモア』が我が家の最重要事項。日々楽しく過ごせたらこれ以上の事はありません」とのこと。最近『渡る世間は鬼ばかり』の面白さに開眼し、ビデオに録ったものを深夜に観るのが最大の楽しみなのだそう。'06年5月18日に育児エッセイ本『愛ある暮らし』（宙出版）が発売になる予定。

初出　宇仁田ゆみ「ニンプゴコロ」ベネッセコーポレーション「たまごクラブ」2003年1月号～12月号／大倉かおり「もう1度　産みたい」描き下ろし／かわかみじゅんこ「パリパリにんぷ日記」描き下ろし／一重夕子「パパ・ドント・クライ」描き下ろし／ひなたみわ「おきらく助産院出産」「らくちん自宅出産」描き下ろし／耕野裕子「耕野裕子の愛ある暮らし～第2子出産までの道のり編～」描き下ろし／おかざき真里「二人目妊娠&夫の実家で里帰り出産」描き下ろし／佐々江典子「助産院でいいかしら？」描き下ろし／亀屋ちひろ「としごでポン！」描き下ろし／パンチョ「神だのみ出産～女だらけの家～」「神だのみ出産～part2～ & おまけ」描き下ろし

祝ご出産!

2006年6月2日 初版第1刷発行

著者

宇仁田ゆみ 大倉かおり かわかみじゅんこ 一重夕子 ひなたみわ
耕野裕子 おかざき真里 佐々江典子 亀屋ちひろ パンチョ

発行人

土井尚道

発行所

株式会社飛鳥新社

〒101-0051 東京都千代田区神田神保町3-10神田第3アメレックスビル
電話03-3263-7770
http://www.asukashinsha.co.jp/

編集

株式会社シュークリーム

〒112-0004 東京都文京区後楽2-1-13 新興社第2ビル2F
電話03-3812-3091
http://www.shu-cream.com/

ブックデザイン

鈴木成一デザイン室

印刷製本

図書印刷株式会社

ISBN4-87031-732-X Printed in Japan